JN418830

경북의 종가문화 24

형제애의 본보기,
상주 창석 이준 종가

경북의 종가문화 24

형제애의 본보기,
상주 창석 이준 종가

기획 | 경상북도 · 경북대학교 영남문화연구원
지은이 | 서정화
펴낸이 | 오정혜
펴낸곳 | 예문서원

편집 | 유미희
디자인 | 김세연
인쇄 및 제본 | 주) 상지사 P&B

초판 1쇄 | 2013년 10월 31일

주소 | 서울시 성북구 안암동 4가 41-10 건양빌딩 4층
출판등록 | 1993년 1월 7일(제307-2010-51호)
전화 | 925-5914 / 팩스 | 929-2285
홈페이지 | http://www.yemoon.com
이메일 | yemoonsw@empas.com

ISBN 978-89-7646-313-5 04980
ISBN 978-89-7646-307-4 (전8권)
© 경상북도 *2013 Printed in Seoul, Korea*

값 17,000원

경북의 종가문화 24

형제애의 본보기,
상주 창석 이준 종가

서정화 지음

예문서원

지은이의 말

필자는 30여 년간 경상북도에 살았고, 지금도 명절이나 휴가 때가 되면 친가와 처가를 방문한다. 하지만 상주는 그저 스쳐 지나가는 도시에 불과했고, 한 번도 들러본 적이 없는 곳이었다.

지난겨울 처음으로 상주를 방문했다. 며칠 동안 눈이 내려 질척거리는 도로를 운전하며 창석종가를 찾았다. 초행길이기 때문에 내비게이션에 의지하여 조심조심 눈길을 따라 그렇게 종가를 찾아갔다. 종가로 들어가는 길 양쪽에는 곶감의 도시답게 소복하게 쌓인 눈 속에 밭마다 감나무가 총총히 서 있었다. 골목길은 말끔하게 치워져 있었고, 따사로운 햇살은 한결 아득하고 편안한 느낌을 주었다. 창석과의 본격적인 첫 만남은 이렇게 시작되었다.

창석종가를 방문하면서 놀란 것은 종가라고 하면 번듯하게 있어야 할 기와집이 없다는 것이었다. 나중에 종손의 설명을 통해 100여 년 전의 화재로 종가가 소실되어 지금의 위치로 이사하게 되었다는 점을 알았지만, 고택이 없는 종가가 처음에는 무척이나 낯설었다. 하지만 정성스레 손님을 맞아주는 종부와 종손의 따뜻함에 필자의 어색함은 이내 사라졌다.

스쳐 지나가는 상주지역만큼이나 창석은 필자에게 생소함 그 자체였다. 그래서 공부한다는 심정으로 창석에 대해 찾아봤지만 의외로 관련 자료가 없었다. 막막하기만 했다. 이제까지 부분적으로 창석을 연구한 것은 있었지만, 창석의 전체적인 면모를 다룬 연구 성과는 없었기 때문이다. 하지만 아는 만큼 보인다고 하지 않았던가. 처음에는 그저 스쳐 지나갔던 자료들과 정보들이 하나씩 자리를 잡아가면서 창석의 모습이 조금씩 선명해져 갔다.

창석은 16~17세기 상주지역을 대표하는 학자이다. 류성룡의 제자이자 현달한 관료로서 상주지역을 대표할 뿐만 아니라 지역사회 곳곳을 그의 손길로 새롭게 태어나게 했다는 점에서 이 지역의 버팀목이었다. 때문에 그의 면면을 모두 소개하고자 하면 아마도 이 지면이 턱없이 부족할 것이다. 그렇다면 무엇을 통해 창석의 특징적 국면을 부각시킬 것인가.

창석은 형제애가 각별하여 지금까지도 추앙을 받고 있는 분이다. 왜적의 손아귀에서 동생을 탈출시키기 위해 온 힘을 다한 월간과 형의 지극한 사랑을 잊지 않고 이를 보답하기 위해 누구보다 노력했던 창석. 본문에서 자세하게 언급하겠지만, 형제간의 우애는 당대는 물론이고 지금도 감동의 도가니이다. 하지만 형제애가 형제에게만 국한되는 사랑은 아니었다. 창석과 월간의 우애는 가족을 넘어 지역의 백성들에게 확대되었다.

창석과 월간은 최초의 사설 의료기관인 존애원을 설립하고 운영하는 데에 적극적으로 관여하였다. 존애원은 임진·정유란을 거치면서 피폐해진 백성의 삶을 구휼하기 위해 의료활동을 주요 업무로 삼았다. 그러나 존애원은 지역의 고령자에게 세찬을 바치고, 경서를 강독하는 강회를 개최하며, 시를 짓는 시회도 함께 개최하는 등 상주지역의 미풍양속을 진작시키고 계승하는 데에도 많은 역할을 하였다. 이것이 창석과 월간의 우애가 형제와 가족에게만 머물지 않는 증거이다.

한편 창석은 누구보다도 상주를 사랑한 사람이었다. 상주의 읍지인 『상산지』는 상주의 지리·세금·학교·제사·관공서·유적·인물 등을 한눈에 파악할 수 있도록 체계적으로 정리한 사찬읍지이다. 비록 목사의 후원을 받기는 했지만, 『상산지』의 편찬을 주관한 것이 바로 창석이다.

창석의 상주 사랑은 여기에 그치지 않았다. 창석은 1622년, 곧 임술년 7월 16일에 상주지역의 내로라하는 인사들과 시회를 가졌다. 이 시회는 후대에도 '낙강시회'라는 이름으로 이어져 상주의 아름다움을 대대로 노래하였는데, 이때에 지은 시는 『임술범월록』이라는 공동 시집에 고스란히 수록되었다. 『임술범월록』은 창석에 의해 탄생하였고, 창석이 주관했던 시회의 시들이 이

책의 주축이 되었으니, 창석의 상주 사랑이 얼마큼이었는지 짐작이 간다. 게다가 낙강시회는 한때의 풍류로 끝난 것이 아니라 후대까지 이어지면서 상주를 대표하는 문화 동아리로 자리 잡았다는 점에서 그 의의가 크다.

본문에서 필자는 몇 가지 사안에 초점을 맞춰 창석을 조명하였다. 그렇기 때문에 여기에 서술된 것으로 창석의 전모를 파악할 수 있다고 자신할 수 없다. 오히려 이제야 창석을 조금 알아가는 단계라고나 할까. 게다가 내용을 수정하는 단계에 와서야 창석의 모습이 어슴푸레하게나마 보이고 있으니, 때늦은 후회감이 야속하기만 하다. 그래서 역량이 부족한 필자가 내놓은 이 글이 오히려 창석을 곡해하는 오류를 범하지 않을까 두렵기만 하다.

필자의 더딘 원고에도 불구하고 묵묵하게 기다려 수며 격려해 마지않은 경북대학교 영남문화연구원 종가팀의 연구책임자 정우락 선생님, 각종의 자료를 제공하여 집필을 도와준 전임연구원 백운용, 손유진 선생님께 이 자리를 통해 감사의 말씀을 올린다. 아울러 필자의 부족한 원고가 창석을 조금이나마 이해하고 알리는 계기가 되었으면 한다.

2013년 8월

서정화는 삼가 쓰다

차례

제1장 종가의 입지 조건과 형성 과정

1. 상주는 어떤 곳인가

상주尙州 하면 떠오르는 것이 곶감이다. 지방자치제가 시행되고 나서 지역 홍보에 열심이다 보니 곶감하면 상주, 상주하면 곶감의 등식이 자연스럽게 자리 잡게 되었다. 하지만 조금만 관심을 기울이면 상주가 얼마나 유서 깊은 곳인지를 금세 알게 된다. 바로 경상도慶尙道라는 지역 명칭에서 그 힌트를 얻을 수 있다. 눈치를 챘겠지만 전주全州와 나주羅州를 합쳐서 전라도라고 부르듯이 경상도는 경주慶州와 상주를 합쳐 부른 것에서 유래하였다. 뿐만 아니다. 상주는 지금의 도청에 해당하는 경상감영慶尙監營이 있던 곳이다. 당시에는 상주가 대도시였던 셈이다. 경상감영이 상주에 처음 설치된 것은 1392년(태조 1)이다. 중간에 낙동강

경천대 앞을 흐르는 낙동강(상주시청)

동쪽을 경상좌도라 하고 서쪽을 경상우도라 하여 구분하기도 하였지만, 1595년(선조 28)까지 경상감영 또는 경상우도감영이 거의 200여 년간 있던 곳이다.

최근에는 외남면 신상리에서 구석기 유적이 발견되었는데, 상주가 큰 도회지일 뿐만 아니라 역사가 그만큼 오래되었다는 것을 알 수 있다. 상주는 삼국시대 초기에 사벌국沙伐國이란 이름으로 존재했다가 249년(첨해왕 3)에 신라에 병합되었는데, 현재의 사벌면은 사벌국이란 이름에서 유래하였다. 525년(법흥왕 12)에 사벌주沙伐州로 되었다가 757년(경덕왕 16)에 사벌주를 오늘날의 상주尙州로 개칭하였다. 그리고 1314년(충숙왕 1)에 경주慶州와 상주尙州의 머리글자를 따서 경상도慶尙道로 개칭한 이후 조선조朝鮮朝에서도 그대로 시행되어 오늘에 이르고 있다. 상주의 별칭으로는 사벌 이외에도 사불沙弗, 사량벌沙梁伐, 사나벌沙那伐, 상주上州, 상산商山, 상령商嶺, 낙양洛陽, 상락上洛 등이 있는데, 낙동강洛東江이란 이름은 상락의 동쪽을 흐르고 있는 강이라는 뜻이다.

상주는 연원이 오래된 만큼 예로부터 많은 문인들이 시문을 지어 상주의 아름다움을 노래하였다. 고려시대의 문인 이규보李奎報(1168~1241)는 1196년(명종 26) 6월부터 9월까지 3개월간 상주와 인근 지역에 머문 적이 있는데, 상주의 풍광을 시로 읊은 것이 많다. 8월 7일경에 쓴 시를 보도록 하자.

바다 같은 강은 끝없이 넓고 넓어　江海浩無際
연기 물결 천 리에 푸르구나　煙濤千里碧
종일토록 호수 가운데 있으면서　終日在湖中
오래도록 배 띄우는 일을 이끌었네　久統泛舟役
예전엔 병풍 그림 속의 사람을 부러워했는데　舊羨畫屛人
지금은 병풍 속의 사람이 되었구려　今作屛中客
물결이 흔들리니 밝은 달이 부서지고　波搖碎明月
물이 줄어드니 외로운 돌이 드러나네　水落出孤石
저기 가는 저 외로운 상선　商船一葉去

아득히 어느 곳으로 가는고　　杳杳何處適
움직여 갈대꽃 핀 섬으로 들어가니　　行入蘆花洲
숲의 안개 푸르게 뚝뚝 떨어지네　　林霧翠滴滴
정신이 상쾌하고 피부와 모발이 서늘하니　　頭輕肌髮涼
나도 모르게 오랜 병이 나은 듯　　不覺沈痾釋

이규보는 상주의 아름다움에 묵은 병이 나을 정도라고 하면서 경탄을 금치 못했다. 이규보는 3개월을 머무는 동안 여러 지역을 탐방하였고, 탐방한 지역은 고스란히 그의 시에 등장하고 있다. 지금은 흔적을 찾을 수 없지만, 그는 봉두사鳳頭寺, 화개사花開寺, 용담사龍潭寺, 원흥사元興寺, 용암사龍巖寺, 대곡사大谷寺, 자복사資福寺 등의 아름다운 풍광을 유감없이 시로 읊조렸다. 또한 몇 차례의 뱃놀이를 통해 낙동강의 홍취를 만끽하기도 하였다.

한편 조금 후대의 이제현李齊賢(1287~1367)은 상주목사로 부임하는 안축安軸(1282~1348)을 전송하면서 다음과 같이 말하기도 했다.

동남지방의 주군州郡 중에서 경주慶州가 제일 크고, 상주尙州가 그다음이다. 그 도의 명칭을 경상도라 말하는 것은 이것 때문이다. 그러나 사명使命을 받든 자는 반드시 먼저 상주를 거쳐서 경주로 가게 되므로 풍화風化의 유행이 상주로 말미암아

남쪽으로 전파되었고, 경주를 통하여 북쪽으로 전파된 적은 없었다.

이제현은 상주가 경주보다 규모가 작기는 하지만, 왕의 교화가 남쪽으로 미치는 중추적 역할을 하는 곳이 바로 상주라 하여 상주의 중요도를 한껏 높였다.

실제로 상주는 연원이 오래되었고, 또 문화의 중심지 역할을 했던 만큼 현재도 많은 유물과 유적이 남아 있는 지역이다. 지방문화재로 지정된 것이 많음은 물론이거니와 특히 국가지정 보물도 꽤 많이 남아 있다. 대부분의 지역이 그렇듯이 상주의 보물은 대부분 불교 관련 유물이다. 장황하지만 인용해 보도록 하자.

남장사南長寺의 감로왕도甘露王圖 · 목조아미타여래삼존좌상木造阿彌陀如來三尊坐像 · 목각아미타여래설법상木刻阿彌陀如來說法像 · 철조비로자나불좌상鐵造毘盧遮那佛坐像

북장사北長寺의 영산회괘불탱靈山會掛佛幀

용흥사龍興寺의 삼불회괘불탱三佛會掛佛幀

증촌리의 석조여래입상石造如來立像 · 석조여래좌상石造如來坐像

복룡동의 석조여래좌상石造如來坐像

삼덕리의 석조천인상石造天人像

화달리 삼층석탑

상오리 칠층석탑

우리나라의 중요 문화재는 조선의 개국을 전후로 크게 변한다. 알다시피 조선으로 들어오면서 유교 국가로 거듭 나게 되고, 이는 유물이나 유적에도 그대로 반영되어 있다. 위에서 거론한 국가지정보물이 불교 관련 유물인 것도 이 때문이다. 유교 관련 보물 중에는 검간黔澗 조정趙靖(1555~1636)의 임진란 기록과 종가宗家의 문적文籍, 양진당養眞堂이 있는데, 비록 보물로 지정되지 못했더라도 상주가 유교의 중심지였음을 일깨워 주는 건축물도 많

화달리 삼층석탑(박호진, 상주시청)

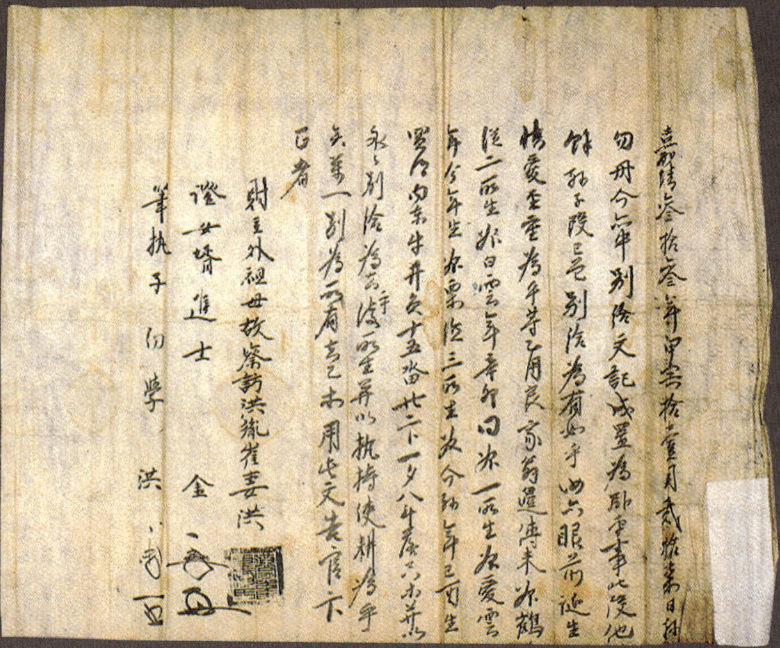

분재기(검간 조정 문적, 문화재청)

교지(검간 조정 문적, 문화재청)

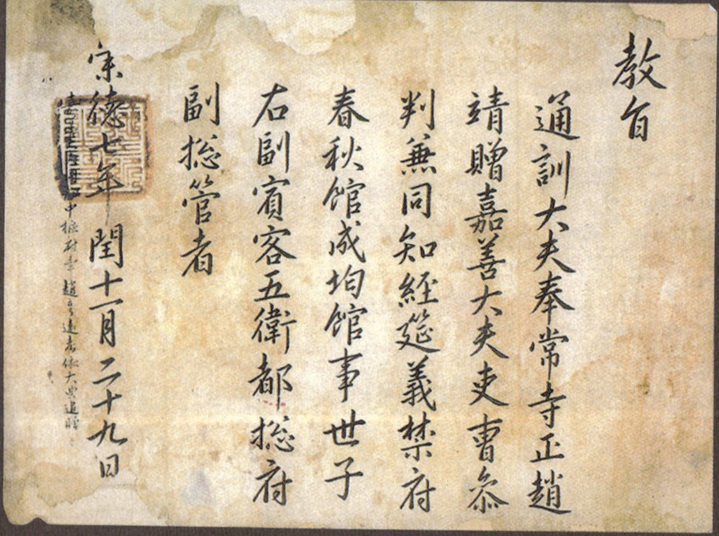

敎旨

通訓大夫奉常寺正趙
靖贈嘉善大夫吏曹參
判兼同知經筵義禁府
春秋館成均館事世子
右副賓客五衛都摠府
副摠管者

崇禎七年閏十一月二十九日

이 남아 있다.

그런 의미에서 우리의 주제가 종가인 만큼 유교 건물들을 한 번 둘러보는 것도 꽤 의미 있는 일이라 생각된다. 상주에는 유교 건물의 대표라 할 수 있는 상주향교尙州鄕校의 대성전大成殿은 물론이고 여러 가문의 고택들이 즐비하게 늘어서 있다. 흥양이씨興陽李氏 월간月澗 이전李坱(1558~1648)과 창석蒼石 이준李埈(1560~1635) 형제의 우애를 기리기 위해 이전의 아들 이신규李身圭가 지은 체화당棣華堂(청리면 가천리 소재), 풍양조씨豐壤趙氏 검간黔澗 조정趙靖이 지은 양진당養眞堂, 역시 풍양조씨 입재立齋 조대윤趙大胤(1638~1705)이 지은 오작당悟昨堂(이상 낙동면 승곡리 소재), 조정의 후손 극암克庵 조식趙栻(1774~1837)의 종가인 의암고택依巖古宅(낙동면 운평리 소재), 진주정씨晋州鄭氏 우복愚伏 정경세鄭經世(1563~1633)의 종가인 우복종택愚伏宗宅, 정경세의 6대손 정재로鄭宰魯가 지은 병암고택甁菴古宅(이상 외서면 우산리 소재), 풍산류씨豐山柳氏 류성룡柳成龍의 셋째 아들 수암修巖 류진柳袗(1582~1635)의 종가인 수암종택修巖宗宅(중동면 우물리 소재)이 상주를 대표하는 고택들이다.

경주가 고향인 친구가 구수한 사투리로 이런 말을 했다. "경주는 디비면(파면) 다 유적이다." 그만큼 천년의 수도였던 경주에 문화재가 많다는 자랑이다. 위에서 거론한 상주의 유적들을 감안하면 상주 역시 이에 뒤지지 않을 만큼 많은 유적을 가지고 있다. 그러니 이런 말도 가능하리라. "상주는 스치면 다 유적이다"라고.

2. 창석종가의 연원과 전개

【홍양이씨 상주파 세계도】

1	2	3	4	5	6	7	8	9	10
彦林	惟孝	陽升	元邦	英粲	厚	吉	舒原	垠	堰
11	12	13	14	15		16			
壽川	兆年	琢	守仁	坱		一圭, 德圭, 身圭			
				埈		大圭, 元圭, 文圭, 光圭, 貞圭			

홍양이씨興陽李氏의 관향인 홍양은 전라남도 고흥지역의 옛 지명이다. 홍양은 이씨 외에도 홍양송씨興陽宋氏, 홍양오씨興陽吳氏, 홍양류씨興陽柳氏, 홍양장씨興陽張氏, 홍양조씨興陽趙氏 등 다섯

가문이 관향으로 삼고 있다.

홍양이씨의 시조는 이언림李彦林이다. 시조의 대부분이 그러하듯 이언림의 행적은 자세하지 않다. 다만 고려시대 의종 초기에 병부상서兵部尙書·공부상서工部尙書·상서우복야尙書右僕射를 역임한 사실이 『고려사高麗史』에 전한다. 참고로 상서는 조선시대의 정이품인 판서判書에 해당하고, 우복야 역시 정이품에 해당하므로 당대에 명망이 높았음을 알 수 있다.

3세 이양승李陽升(?~1216)은 장군으로서 거란의 잔당이 쳐들어왔을 때 장흥역長興驛에서 적을 격파하였다. 그러나 적이 다시 평양으로 침공해 오자 이를 위주성渭州城 밖에서 맞아 싸우다가 1,000여 명과 함께 전사하였다. 7세 이길李吉은 문과에 올라 봉상대부통례문부사奉常大夫通禮門副使에 이르렀고 충혜왕 때 홍양군興陽君에 봉해져 홍양을 관향으로 하사받았다고 한다. 그래서 후손들은 이길을 관향을 얻은 시조라 하여 '득본시조得本始祖'라 일컫는다.

8세 이서원李舒原은 찬성문하사贊成門下事를 지냈고, 9세 이은李垠은 사헌부대사헌司憲府大司憲을 지냈다. 10세 이언李堰은 전주부윤全州府尹을 지냈는데, 청백리로 이름이 났고 치적이 뛰어나 세조世祖가 직접 교서를 내려 포상하고 승진시켰다고 한다. 11세 이수천李壽川은 사헌부집의司憲府執義를 지냈는데 강직하다는 명성이 있었으며, 12세 이조년李兆年은 의장고판관儀仗庫判官을 지냈다. 13세 이탁李琢은 벼슬에 나아가지 않았고, 14세 이수인李守仁은 좌승지左承旨에 추증되었다.

홍양이씨는 크게 개령파開寧派, 군위파軍威派, 단밀파丹密派, 담양파潭陽派, 무주파茂朱派, 상주파尙州派, 수원파水原派, 의성파義城派, 합천파陜川派, 홍양파興陽派 등 10개의 지파가 있는데, 전라도 지역을 관향으로 삼고 있지만 경상도지역에도 후손들이 많이 살고 있다. 참고로 2000년 통계청의 인구조사에 의하면, 홍양이씨는 총 5,305가구 16,977명이 있는데, 서울 3,708명, 부산 892명, 대구 1,808명, 인천 709명, 광주 1,221명, 대전 364명, 울산 297명, 경기 3,110명, 강원 196명, 충북 320명, 충남 261명, 전북 452명, 전남 1,575명, 경북 1,581명, 경남 437명, 제주 46명이 살고 있다고 한다.[1]

창석은 상주파에 속하는데, 상주지역에 살기 시작한 것은 이은李垠 때부터였다. 『해동잡록海東雜錄』에는 이은이 "벼슬을 마친 뒤에 선산善山에 물러가서 지내다 졸하였다"라는 기록이 있고, 월간의 연보를 보아도 이은이 처음으로 상주의 단밀丹密(현재의 의성군 단밀면)에 살기 시작했다고 한다. 또한 『신증동국여지승람新增東國輿地勝覽』「선산도호부善山都護府」에 "이언李堰은 전주부윤으로 있다가 물러나 선산도호부의 내곡리內谷里에 살았다"라고 하는 기록을 참조하면, 이은과 이언 부자 때부터 상주지역에 정착한 것으로 보인다. 그 후에 이조년李兆年이 청리靑里로 이사를 왔다.

현재의 닭내(酉川)로 이사를 온 것은 창석의 부친인 이수인李守仁이었다. 이수인은 원래 효동驍洞에 살았다. 하지만 효동의 분위기는 공부하는 것을 좋아하지 않으므로 자식을 키우기에 적당하지 않다고 여겨 닭내로 이사를 왔다고 한다. 효동의 '효驍' 자는 말(馬)이 날래다, 드세다라는 뜻이다. 무인을 길러내는 데는 좋은 조건이었겠지만, 선비를 육성하는 면학 분위기에는 맞지 않았던 모양이다. 맹자의 어머니가 교육을 위해 세 번이나 이사를 했다는 고사가 떠오른다. 이에 대해 창석은, "만약 그때 아버님의 원대한 식견이 없었다면 우리들은 사냥이나 하면서 지냈겠지, 어찌 책을 읽는 선비가 될 수 있겠는가"라고 회고한 바 있다. 창석은 닭내에서 다시 현재의 종가로 분가하였다. 월간종가와 창석종가는 큰 길로 둘러 가면 1.3킬로미터이지만, 뒤편의 샛길로 가면 500미터도 안 될 정도로 매우 가까운 거리에 위치하고 있다.

홍양이씨는 조선시대 과거급제자로 문과文科 7명, 무과武科 2명, 사마시司馬試 16명, 의과醫科 1명을 배출하였다. 이 중에서 문과급제자만 살펴보면, 월간과 창석의 선조인 이운준李云俊이 1429년(세종 11) 식년시式年試에, 이운봉李云菶이 1453년(단종 1) 증광시增廣試에 급제하였다. 그 후로 월간의 집안에서는 월간의 손자인 이재용李在容(1619~?)이 1660년(현종 1) 식년시에, 월간의 현손인 이증록李增祿(1674~1727)이 1708년(숙종 34) 식년시에, 이증록의 현손인 이영李瑛(1765~?)이 1789년(정조 13) 식년시에 합격하였다.

창석의 집안에서는 창석 본인이 1591년(선조 24) 별시別試에, 창석의 아들인 이원규李元圭(1597~?)가 1639년(인조 17) 별시에 합격하였다. 문과급제자가 많다고는 할 수 없지만, 홍양이씨의 조선시대 문과급제자 7명 중 5명이 월간과 창석의 집안에서 나왔다는 사실은 시사하는 바가 크다고 하겠다.

3. 인근 대유들의 자취

상주는 오랜 기간 동안 경상도뿐만 아니라 우리나라의 근간이 되었는데, 이것은 이를 담당하고 계승하기 위해 일생을 바친 유명 인사가 많았기 때문이다. 이 유명 인사들을 모두 소개하려면 아마도 이 지면이 감당하지 못할 것이다. 그리고 이것은 창석 종가를 중심으로 다루려는 본서의 취지와도 맞지 않다. 하지만 어떠한 천재도 평지돌출할 수 없듯이 주변에 아랑곳하지 않고 홀로 출현하는 경우는 없다. 이것은 창석의 경우도 마찬가지이다.

창석에게 크게 영향을 준 분으로 서애西厓 류성룡柳成龍(1542~1607)을 언급하지 않을 수 없다. 류성룡은 창석의 가장 큰 스승이자 퇴계 이황의 학통을 계승하게 해 준 분이며, 여러 통의 편지를 보내 가르침을 주고 안부를 물으며 늘 격려해 주었던 분이다. 게다가 류성룡의 셋째 아들 수암修巖 류진柳袗은 창석의 제자뻘이면서도 지기知己처럼 지냈던 인물이다. 하지만 본서는 창석을 중심축으로 삼되, 인근 곧 상주지역 출신에 한정하여 다루므로 부득이 여기에서는 다루지 않는다. 류성룡에 대해 알고자 하면 경북의 종가문화 8 『충효당 높은 마루, 안동 서애 류성룡 종가』(이세동 지음)를 참고하기 바란다.

또한 창석의 벗들 중에서 상주를 대표할 만한 인물로 검간黔澗 조정趙靖, 청죽聽竹 성람成濫(1556~1620), 사서沙西 전식全湜(1563~1642)을 거론할 수 있다. 이들은 창석뿐만 아니라 월간과도 매우 긴밀한 관계를 유지했던 인물들이다. 하지만 창석에게 더 많은 영향을 준 인물들을 다루기 위해 이들 역시 창석의 행적을 설명할 때에 부분적으로 다룰 뿐 전면에 내세우지는 않는다.

그렇다면 창석을 얘기하면서 언급하지 않을 수 없는 인물은 누구인가. 아마도 창석이 끝까지 존경해 마지않던 소재穌齋 노수신盧守愼(1515~1590), 벗이 아니라 친형제와도 같았던 우복愚伏 정경세鄭經世, 언제나 든든하게 창석을 지켜 준 친형 월간月澗 이전李㙉이 아닐까 한다. 아래에서는 이 세 분의 생애를 간략하게 소개하되, 창석과의 교유 양상에 초점을 맞추어 살펴보기로 한다.

1) 존경해 마지않던 소재 노수신

노수신盧守愼의 본관은 광주光州, 자는 과회寡悔, 호는 소재穌齋·이재伊齋·암실暗室·여봉노인茹峰老人 등이다. 시호는 문의文懿였으나 뒤에 문간文簡으로 고쳤다. 소재는 1515년(중종 10) 4월 16일에 지금의 서울 중구 인현동인 건천동乾川洞에서 태어났다.[2]

1534년(중종 29) 진사시에 합격하여 성균관에 들어갔는데, 당대의 석학이던 김안국金安國(1478~1543)에게 크게 칭찬을 받았고, 이언적李彦迪(1491~1553)과는 학문을 토론하였다고 한다. 1543년(중종 38)에 문과의 초시初試·회시會試·전시殿試에서 모두 장원하여 벼슬길에 올랐다. 하지만 순탄할 것만 같던 그의 앞길은 뜻하지 않은 사건에 휘말려 기나긴 시련의 길을 걷게 된다. 그의 탄탄대로를 막은 것은 1545년(인종 1)에 인종이 죽고 명종이 즉위하자마자 일어난 을사사화乙巳士禍였다. 이 사건으로 노수신은 이조좌랑에서 파직되어 1547년(명종 2) 순천으로 유배되고, 그 후 양재역벽서사건良才驛壁書事件에 연루되어 죄가 가중됨으로써 진도로 이배되어 19년간 귀양살이를 하였다.

1567년(명종 22)에 이준경李浚慶(1499~1572)의 주청으로 해배되었고, 그 후 선조의 지우를 크게 입다가 졸하였다. 특히 만년에 병으로 몸져누웠을 때에는 선조가 특별히 어의御醫를 보내 약을 하사하고 병을 간호하게 하였는데, 그때 노수신을 보살피던 이가

『소재집』 목판(문화재청)

허준許浚(1539~1615)이었다고 한다.

노수신은 당대의 내로라하는 시인이었다. 선조 때에는 송시宋詩의 산문화 경향과 지나친 이성주의에 반발하여 당시唐詩의 서정성·음악성·형상성을 배우려는 지향이 이달李達(1539~1612), 백광훈白光勳(1537~1582), 최경창崔慶昌(1539~1583)을 중심으로 일어났던 시기이다. 그러나 노수신은 당대에 유행하던 섬약한 당시풍을 좋아하지 않았다. 그래서 그는 힘이 있고 난해한 시를 창작하였는데, 강서시파江西詩派를 배운 정사룡鄭士龍(1491~1570), 황정욱黃廷彧(1532~1607)과 함께 관각삼걸館閣三傑로 일컬어졌고, 이들 가운데서 가장 뛰어나다는 평가를 받았던 일급시인이다.

또한 노수신은 양명학을 수용하여 퇴계退溪 이황李滉(1501~1570)과 대립하였던 걸출한 사상가였다. 이로 인해 이황뿐만 아니라 기대승奇大升(1527~1572), 그리고 주변에 있던 영남의 많은 주자학자에게 비판을 받았다. 심지어 정몽주鄭夢周(1337~1392), 김굉필金宏弼(1454~1504), 정여창鄭汝昌(1450~1504), 이언적, 이황을 추모하기 위해 세운 도남서원道南書院에 노수신과 류성룡을 추가로 배향할 때에는 당대의 큰 논란거리가 될 정도로 영남지역의 유림들에게 배척을 받던 인물이었다. 한강寒岡 정구鄭逑(1543~1620)가 노수신을 배향해야 하는 당위성을 논함으로써 이 논란의 종지부를 찍기는 했지만, 그 후에도 자주 이 사안이 불거지기도 하였다. 당대의 석학이었음에도 영남에서는 논란의 중심에 있던 당사자였던 것이다.

앞서 말했듯이 노수신은 서울에서 태어났고 서울에서 졸하였으며 19년간의 유배생활을 제외하면 대부분의 생활을 서울에서 하였다. 하지만 상주에 선영이 있어서 자주 내려왔는데, 이때에 창석이 노수신을 만난 것 같다. 창석이 노수신을 처음 만난 것이 언제인지는 확실하지 않다. 다만 1584년(선조 17, 창석 25세)에 사담沙潭 김홍민金弘敏(1540~1594)과 그의 동생인 성극省克 김홍미金弘微(1557~1605)와 함께 사곡沙谷에 있던 노수신을 뵈러 간 적이 있었다. 이 당시 노수신은 이미 나이가 일흔이었는데, 창석은 노수신의 모습에서 강한 인상을 받은 것 같다.

선생이 평소 정좌를 하고 앉을 때에는 어깨와 등이 꼿꼿하여 소반의 물을 드는 것처럼 흐트러짐이 없었다. 또 술자리에서 시를 지을 때에는 풍류가 우아하여 법도에서 벗어나는 것이 없었다. 아마도 선생이 '경敬' 이라는 한 글자를 일생토록 지켜야 할 요체로 삼아 늙을 때까지 잠시도 쉬지 않았기 때문에 이렇게 되었을 것이다. 선생께 깊은 감명을 받고 돌아와 며칠 동안 탄복하였다. 이해에 선생께서 조정으로 돌아가시고 또 6년 뒤에 세상을 떠나셨다.

창석은 이보다 앞선 1580년(선조 13)에 이황의 적통이라 할 수 있는 류성룡을 찾아뵙고 가르침을 청하였으며, 노수신을 만나던 때에는 류성룡과 『주역』을 강론하며 토론하던 시기였다. 알다시피 이황과 노수신은 학문적인 견해의 차이 때문에 서로 공박하였다. 하지만 영남지방의 영향력은 이황이 우세하였고, 특히 주자학적 이념이 공고화하던 시기였던 만큼 주희朱熹의 '인심도심설人心道心說' 에 이견을 제시한 노수신의 입지는 위축될 수밖에 없었다.

창석은 노수신을 만나기 전부터 이미 저간의 사정을 모두 알고 있었을 것인데도 노수신을 존경하는 그의 마음은 일관되었다. 또한 양명학을 수용했다는 비난을 받던 노수신을 창석은 끝까지 변호하였다. 일각에서는 창석이 노수신을 변호하며 내세운

논리가 노수신의 정수를 제대로 이해하지 못해 오히려 노수신의 사상을 이해하는 데 걸림돌이 된다고 하는 의견도 있다. 그러나 창석이 노수신을 상주의 대유大儒로 인정하고 존경하여 제자로서의 예를 갖춘 것은 당시의 분위기에서 무한한 신뢰와 굳건한 용기가 없으면 불가능한 일이었다.

> 퇴계와 소재 두 분은 동시기에 활동하면서 은미한 의리와 의심스러운 예제禮制를 강론하여 의견일치를 보았으니, 지금 문집을 살펴보면 이를 알 수 있다.…… 두 분이 주고받은 편지는 손수 쓴 것이고 정신과 심술心術이 깃들어 있다. 수십 년이 지나 좀벌레가 먹었는데도 먹의 색깔이 여전하고 한 글자 한 획이 모두 엄정하고 굳세다.

이 글은 노수신의 손자 노준명盧峻命이 노수신과 이황이 주고받은 편지, 노수신의 시 등을 모아 만든 서첩書帖에 쓴 발문이다. 이 발문은 창석이 1633년(인조 11, 창석 74세) 여름에 빈산헌賓山軒에서 쓴 것인데, 만년이 되어서도 노수신에 대한 창석의 존경이 여전하였다는 것을 알 수 있다. 뿐만 아니라 창석은 노수신과 관련된 글을 여러 편 지었는데, 예를 들어 강복성康復誠(1550~1634)이 지은 노수신의 연보年譜에 후기를 썼고, 노수신의 일대기인 행장行狀을 지었으며, 도남서원에 노수신을 배향할 때에는 제문을 짓기도 하였다. 또한 「소재 시의 뒤에 쓰다」(題穌齋詩後)에서는 "욕심이란 사람의 성품이라 사람마다 없을 수 없다네"(欲者人之性, 人皆不可無)라는 노수신의 시에 대해 변호하였고, 「십청정시권의 뒤에 쓰다」(題十靑亭詩卷後)에서는 노수신의 훌륭한 덕행과 맑은 풍모를 칭송하기도 하였다. 창석이 노수신의 사상에 완전하게 동조한 것은 아니었다. 그렇지만 스스로 노수신의 제자임을 자임하였고, 또 상주지역의 대유로서의 노수신을 한결같이 공경하는 마음은 죽을 때까지 변치 않았던 듯하다.

2) 둘도 없는 벗 우복 정경세

정경세鄭經世의 본관은 진주晉州이고, 자는 경임景任, 호는 우복愚伏·하거荷渠·승성자乘成子·석종도인石潀道人·송록松麓 등이다. 시호는 처음에 문숙文肅이었으나 뒤에 문장文莊으로 고쳤다. 1563년(명종 18) 상주 율리촌栗里村에서 태어났다. 1578년(선조 11)에 향시鄕試에 응시하여 생원과 진사의 초시에 합격하였고, 1582년(선조 15) 회시會試에서 진사에 뽑힌 뒤 1586년(선조19) 알성시謁聖試에서 을과乙科로 급제하였다. 이후 승정원우승지·대구부사·예조판서·이조판서·대제학 등을 역임하였다. 주요 저서로는 문집인 『우복집』 외에 『양정편養正篇』, 『주문작해朱文酌海』, 『상례참고喪禮參考』가 있다.

정경세는 월간보다 다섯 살이 적고 창석보다 세 살이 적다. 하지만 이 세 분은 여느 형제의 우애보다 각별하였다. 실제로 정경세는 "이성異姓의 형제이다"라고 하였으며, 이 우애는 만년까지도 변함이 없었다. 특히 창석 형제와 정경세는 여러 면에서 닮았고, 또 많은 일을 함께 도모하였다. 정경세의 문집인 『우복집』의 언행록에는 다음과 같은 기록이 있다.

> 선조인 우복공은 월간 · 창석 두 선생과 뜻이 같고 도가 같아서 종시토록 틈이 벌어진 적이 없었다. 매번 며칠 간격으로 반드시 오가면서 도의道義를 강마하고 고금古今을 토론하였는데, 그럴 때마다 문득 집으로 돌아가는 것조차 잊었다. 우복공은 "나는 두 사람과는 바로 이성異姓의 형제이다"라고 하신 적이 있다. 그래서 창석 또한 시를 지어 "같은 때에 태어난 성이 다른 형이네"라고 읊었다.

정경세는 1592년(선조 25) 임진왜란이 일어나 왜적이 쳐들어오자 의병을 일으켜 안령鞍嶺에서 맞서 싸우다가 패하였는데, 이때에 모친과 동생 정흥세鄭興世가 피살되었고, 자신도 화살을 맞고 절벽 아래로 떨어져 죽다가 살았다.

이 이후로 정경세는 외침이나 반란이 있으면 언제나 의병을 모으거나 간언을 올려 적극적으로 대처하였다. 안령 전투에서

패한 뒤에 바로 창의장倡義將 이봉李逢의 참모관參謀官이 되어 병사와 군량을 모았고, 1597년(선조 30) 정유재란 때에는 선조가 의주로 파천播遷하는 것에 반대하는 상소를 올리기도 하였다. 그리고 1624년(인조 2) 이괄李适(1587~1624)이 반란을 일으켰을 때에는 경상도로 내려가 민심을 수습하면서 군사와 군량을 모집하여 반란군을 토벌할 계책을 올렸으며, 1627년(인조 5) 정묘호란이 일어났을 때에는 호소사號召使가 되어 상주로 내려가 군사와 군량을 모으기도 하였다.

뒤에서 더 자세하게 언급하겠지만, 창석 역시 임진왜란 때에 부모님을 잃었고, 자신은 형인 월간의 도움으로 왜적의 손아귀에서 탈출하여 목숨을 건질 수 있었다. 정경세와 창석 형제는 전란에서 가족을 잃은 아픔까지도 닮았던 것이다.

정경세는 1602년(선조 35)에 상주지역의 유림들의 힘을 모아 최초의 민간 의료기관인 존애원存愛院을 세웠다. 전란 뒤의 어수선함을 정리하고 도탄에 빠진 백성을 구제하기 위해 세운 존애원은 애민정신의 발로이자 노블레스 오블리주의 귀감이었다. 정경세가 이 일을 도모할 때에 창석은 단양군수로 있었기 때문에 직접 참여하지는 못했다. 하지만 그는 존애원의 기문을 지어 "우리 동네에 현달한 관리가 있는데, 자비로움은 보살과 같고 백성을 구제하는 것을 포부로 삼았다.…… 유마힐維摩詰은 관직에 있는 사람이 아닌데도 능히 다른 사람의 몸이 아픈 것을 보기를 자신

도남서원(김형구, 상주시청)

의 몸이 아픈 것처럼 보았다. 우리들은 모두 남에게 은택을 끼쳐 주려는 뜻을 품고 있는 사람들이다. 그런데 유독 동포들을 구제하기를 생각하지 않을 수 있겠는가"라고 하여 정경세를 칭송하는 동시에 존애원 건립에 많은 사람들이 동참하기를 권하기도 하였다.

또한 정경세는 도학道學이 고려시대의 정몽주鄭夢周에서 시작되어 이황에게서 집대성되었다고 여겼다. 그리고 김굉필金宏弼·정여창鄭汝昌·이언적李彦迪 같은 여러 현인들이 그 사이에서 깊이 연구하여 왕성한 발전을 이루었다고 보았다. 그리하여 그는 영남의 상부에 위치하고 있는 상주에 서원을 세워야 한다고 역설하고 유생을 설득하여 도남서원道南書院을 창건하였다. 창석이 이에 적극 동조하였음은 물론이다.

정경세와 창석이 얼마나 친했는지는 이들이 주고받은 편지에 단적으로 드러난다. 『우복집』과 『창석집』을 살펴보면, 정경세와 창석은 주고받은 편지의 양이 많을 뿐만 아니라 자신의 근황 · 안부 · 심경과 같은 일상적인 일부터 국정 · 시사와 같은 정치적 사안, 의례 · 성리性理 · 존양存養과 같은 학문적 관심을 망라한 모든 것들을 편지로 주고받으며 의견을 교환하고 자문을 구하였음을 알 수 있다.

특히 이 중에서 관심을 끄는 것이 시문詩文에 대한 비평적 교유인데,[3] 주로 창석이 지은 시문에 대해 정경세가 비평하는 것이 골자였다. 창석의 시문에 대해 정경세는 "선생의 시는 구양수歐陽修와 왕안석王安石이 시재詩才를 겨루는 자리에 놓아두더라도 손색이 없을 것입니다"라고 하여 대개 고평高評을 많이 했다. 하지만 다음과 같이 시문에서 부족한 부분을 충고하기도 하였다.

> '감련堪憐'과 '호오好誤'라고 한 두 단어는 득실得失상에 있어서 마음을 놓아 버리려고 해도 놓아 버리지 못하는 의사가 조금은 있는 듯합니다.

정경세 신도비(문화재청)

옛사람들은 사물을 읊은 영물시詠物詩를 지음에 있어서는 함축을 귀하게 여겨 사람들로 하여금 반복해서 읊조리는 사이에 담고 있는 뜻을 언어의 바깥에서 얻도록 하였습니다. 그러므로 그 맛이 심원하고 유장하였습니다. 그러니 노형의 시어詩語는 지나치게 드러난 것이 아닙니까?

위의 인용문을 보면, 정경세는 창석이 지은 시에 대해 분위기는 물론 어휘 하나하나까지 비평을 가하고 있다. 창석이 정경세의 충고를 받아들여 시를 수정하였음은 물론이고, 이를 통해 두 사람이 얼마나 허물없이 의견을 주고받았는지를 알 수 있다.

이처럼 정경세와 창석은 류성룡의 학통을 이었을 뿐만 아니라 모든 면에서 생사고락을 함께 한평생의 지기였으며 동지였다. 정경세가 죽고 난 뒤 두 번째로 지내는 제사인 대상大祥 때에 창석은 제문을 지어 지난날의 우정을 돌아보며 참담함과 그리움을 이렇게 담아냈다.

오호라	嗚呼
아교와 칠 같은 우정 서로 맺은 건	膠桼之情
머리카락 동여매던 어린 때였네	羈丱之歲
시골의 서당에서 함께 놀면서	同遊鄉塾
친하기는 성이 다른 형제였었네	異姓兄弟
형과 같이 아름다운 덕 지닌 사람	兄之懿德
오늘날의 세상에선 보기 드무네	今世蓋寡
형이 내게 해 주었던 그 충고들은	凡其忠告
실로 내가 의지하여 기대던 바네	實我所藉
교제하며 사귄 정의 담박하기는	交誼之淡
오래 묵은 옛 우물과 같았다네	如彼古井
서로 간에 믿는 건 마음이었고	相恃者心
서로 간에 숭상한 건 바른 도였네	所尚者正
훌륭했던 형이 훌쩍 떠나간 뒤론	哲人一逝

이 세상의 사람들은 종장 잃었네	世失宗工
……	……
꿈속에서 그대 만나 이런 것 보고	夢中所見
꿈 깨어나 한숨지으며 흐느껴 우네	覺來欷歔
하찮은 전 직접 가서 못 올리기에	薄奠未躬
두 눈에서 줄줄 눈물 흐른다네	衰淚交迸
영령이여 임하여서 오거들랑은	英靈有臨
못 잊고서 그리는 맘 알아주시게	知此耿耿

3) 든든한 버팀목 월간 이전

창석을 얘기하면서 결코 빠뜨릴 수 없는 인물이 바로 창석의 친형 월간月澗 이전李㙉이다. 월간은 문과에 급제하여 고관을 지내지도 않았고, 학문이 깊어 사상사적 위치가 높은 분도 아니다. 그러나 창석에게는 형이자 아버지이자 친구였으며, 창석의 성취 대부분이 월간과 함께 이룩한 것이었으니, 월간은 창석의 주춧돌이자 보금자리였다. 뿐만 아니다. 월간은 상주의 대유들인 정경세·조정 등과 상주의 교육과 사회적 현안을 함께 의논하고 이끌어 나갔기 때문에 인근의 유자儒者들이 성심으로 떠받든 분이다. 곧 월간은 상주의 스승이자 어른이고 지도자였으며, 상주의 지역적 위상을 제고하는 숨은 공로자라 할 수 있다.

월간의 이름은 전坱이고, 자는 숙재叔載이며, 월간은 그의 호이다. 월간이라는 호는 42세에 자호自號한 것인데, 54세에는 목재睦齋라고도 자호하였다. 월간은 1558년(명종 13) 청리靑里 송학동松鶴洞에서 태어났다. 11세이던 1568년(선조 1)에 창석과 함께 석천石川 김각金覺에게 배웠고, 1570년에는 복재復齋 정국성鄭國成의 문하에서 배웠으며, 1571년에는 서산西山 민은閔誾의 문하에서 수업하였다.

16세이던 1573년에 '밀운불우密雲不雨'라는 글제의 부賦로 서원書院의 시험에서 으뜸을 차지하였는데, 권문해權文海(1534~1591)가 문장과 필력에만 능한 것이 아니라며 감탄하고 칭찬하였다. 1580년(선조 13)에는 상주목사로 와 있던 류성룡에게 창석과 함께 예를 올리고 가르침을 받아 이황의 학통을 잇게 되었다. 1592년(선조 25)에 왜란으로 부모를 잃었고 동생인 창석, 벗인 정경세 등과 의병활동을 하였다.

1603년(선조 36) 8월에 생원시에 합격하였고, 1608년(선조 41)에 도남서원의 문묘에 정몽주, 김굉필, 정여창, 이언적, 이황을 종사할 것을 청하는 소疏의 소두疏頭로 추대된 뒤 상소하여 윤허를 받았다. 월간은 용양위부사과龍驤衛副司果, 평릉도찰방平陵道察訪, 지례현감知禮縣監 등 많은 관직에 제수되었지만, 부임하지 않은 것도 많고 부임하였더라도 오랫동안 근무하지 않았다. 월간은 벼슬에 연연하지 않는 대신 학문에 매진하여 『구색록懼塞錄』·『성학요결

聖學要訣』·『향상요결向上要訣』·『중류일호中流一壺』 등을 엮었고, 후학을 가르치는 데 전념하였다. 1648년(인조 26)에 91세로 졸하였으며, 저서로는 『월간집』이 있다.

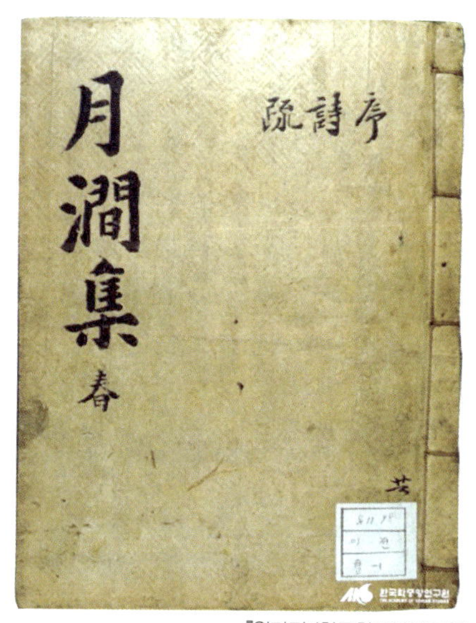

『월간집』(한국학중앙연구원)

조경趙絅(1586~1669)이 1632년(인조 10)에 지례현감으로 좌천되었을 때 상주에 머물고 있던 창석을 뵌 적이 있고, 그때 월간도 함께 뵈었다. 그 후 30년 뒤에 조경은 성균관박사로 있던 월간의 손자 이재용李在容의 부탁으로 월간의 묘갈명墓碣銘을 짓게 되는데, 월간의 첫인상을 다음과 같이 말했다.

> 나는 휴가를 얻어 창석공을 만났고 또 공의 형님을 만났는데, 온축되어 있는 도의 경지와 정신이 배어 나온 용모가 말씀을 나누기 전에 벌써 공경할 만하였다. 공은 눈빛이 형형하고 광대뼈는 붉고 윤이 났다. 곧 우복 정 선생(정경세)을 찾아뵙고 삼가 물었다. "제가 이번에 어떤 덕인德人을 만났는데, 나이는

많았으나 낯빛은 어린아이 같았습니다." 우복선생이 말하였다. "군이 우리 숙재叔載를 본 게로군. 숙재는 나보다 연장인데도 강건함이 조금도 쇠하지 않았네. 날마다 부지런히 글을 읽으니, 내면에 축적된 것들이 넘쳐서 몸으로 드러난 것이 이와 같네."

월간은 키가 크고 꼿꼿하였고, 나이가 들어서도 조금도 쇠하지 않았다고 한다. 조경이 월간을 만났을 때가 월간의 나이 75세였으니, 이를 통해 월간을 풍모를 충분히 미루어 짐작할 수 있다. 실제로 월간은 이 당시에 셋째 아들 이신규李身圭가 월간과 창석의 우애를 기리기 위해 지어 준 체화당棣華堂에 머물면서 도학을 강론하고 후학을 가르쳤다고 한다. 또한 돌아가신 선친을 생존했을 때처럼 섬겨서 75세가 넘어서도 3~4일에 한 번씩 성묘를 하였으며, 85세까지도 제사 때에는 엄숙하게 재계하고 손수 제수祭需를 갖추었다고 한다.

월간은 관직에 오래 있지 않았지만, 잠시 동안이라도 벼슬을 할 때에는 성심을 다해 백성을 아끼고 사랑하였다. 지례현감을 맡고 있을 때에는 인조의 교시에 따라 두 차례에 걸쳐 지례지역의 현안과 대책을 놓기도 하였다. 이때에 올린 상소의 대략을 옮겨 보면 다음과 같다.

대가 끊어져 아무도 살지 않는 집에 매긴 세금을 이웃집에 부과하여 남아 있는 사람들의 처지가 삭막하기만 합니다. 결원이 생긴 군사를 충원하기 위해 강보에 싸인 아이에게도 군포를 부과하니 가혹한 정치가 여기에서 발생합니다. 한 사람이 백 사람의 부역을 감당하고 1년에 몇 년의 세금을 바쳐야 하니, 온 동네가 황폐하고 처참하기만 합니다. 세금 내는 기한을 연장해 주고 부역을 완전하게 면제해 주셔서, 특별히 위로해 주고 보듬어 주시는 뜻을 보여 소생할 때까지 기다려 주십시오. 이렇게 하는 것이 최선책일 것입니다. 만약 일정하게 부과된 세금을 이 고을만 면제해 줄 수 없고, 군사를 선발하는 부역을 완전하게 면제해 주기 어렵다면 이 고을과 수령을 혁파하여 큰 도읍에 붙여 주십시오. 그래서 큰 읍이 비호해 주는 힘에 의지하여 잠시나마 참담한 고통에서 벗어나게 해 주십시오. 이렇게 하는 것이 차선책일 것입니다.

조선 후기에 재정의 주류를 이루던 전정田政·군정軍政·환정還政 세 가지 수취체제가 변질되어 부정부패로 나타난 현상을 '삼정三政의 문란'이라 한다. 그중에 갓난아기에게도 군포軍布를 징수하는 황구첨정黃口簽丁, 군역의 부담에 시달린 농민들이 역을 피해 도피하는 경우가 늘어나자 도망한 사람의 군포를 이웃 사람들에게 징수하는 인징隣徵이라는 것이 있었다. 월간이 활동하던 당시의 폐해가 조선 후기의 그것과 같다고는 할 수 없다. 하지만 전란과 재해로 인해 세금을 제대로 거두어들이지 못한 조정이 각종의 규제를 그대로 적용하여 조금의 양보도 하지 않으니, 지례의 백성들은 나날이 괴로운 날을 보내고 있었던 것이다.

위의 상소문은 월간이 지례에 부임하여 1월에 올린 첫 번째 상소문이다. 이에 대해 인조는 도타운 비답批答을 내렸으나 담당부서의 저지를 당하였다. 12월에 다시 지례현의 고충을 아뢰는 상소를 올렸으나 역시 담당부서의 저지를 당하자, 월간은 "내 뜻이 행해지지 않으니 내가 여기에서 무엇을 하겠는가"라고 한탄하였다고 한다.

월간은 류성룡의 문인답게 퇴계학의 핵심 서적인 주자의 편지글에 침잠하여 이와 관련된 책을 여러 편 엮었으며, 류성룡의 『서애집西厓集』 간행에도 적극적으로 참여하였다. 『서애집』은 1619년에 1차 편집 및 교정, 1631년에 2차 교정을 거쳐 1633년에 간행되는데, 월간은 류성룡의 셋째 아들인 류진柳袗, 창석 · 정경세 등과 함께 처음부터 끝까지 『서애집』 간행에 크게 관여하였다.

1634년(인조 12)에는 김상복金尙宓(?~1652)이 상주목사로 부임하면서 여씨향약呂氏鄕約을 시행하라는 조정의 명령을 받들어 내려왔다. 이때에 월간이 도약정都約正이 되고 류진이 부약정副約正이 되었다. 일반적으로 약정은 나이 · 덕행 · 학행이 모두 뛰어난 자가 맡는데, 월간이 약정의 우두머리인 도약정이 되었다는 것은 지역 내에서의 위상이 그만큼 높았음을 방증하는 것이라 하겠다.

월간은 창석 · 정경세와 가장 친분이 깊었는데, 월간이 창석과 정경세에 비해 현달하거나 국가적 공로가 크다고 할 수는 없다. 그러나 창석과 정경세가 조정에서 부침을 겪어 고향으로 돌아왔을 때에는 따뜻하게 맞아 주었고, 또 그들이 정계에서 활동할 때에는 누구보다 그들을 응원한 버팀목이 되었던 사실을 간과해서는 안 될 것이다.

주

1) 흥양이씨의 지역 분포 현황과 조선시대 급제자 현황에 대해서는 정복규, 「정복규의 성씨 순례－興陽李氏」, 『호남매일』, 2013년 4월 11일 참조.
2) 노수신의 생평과 사상에 대해서는 고려대 한자한문연구소에 재직하고 있는 신향림 선생님의 『국역 소재집』 해제(2013년 12월 간행 예정)와 전언에 도움을 받은 바가 많았다.
3) 정경세와 창석의 시문 교유에 대해서는 여운필, 「창석시에 대한 우복의 비평적 충고」, 『한국한시연구』 12(2004) 참조.

제2장 창석, 꼿꼿함과 풍류를 겸하다

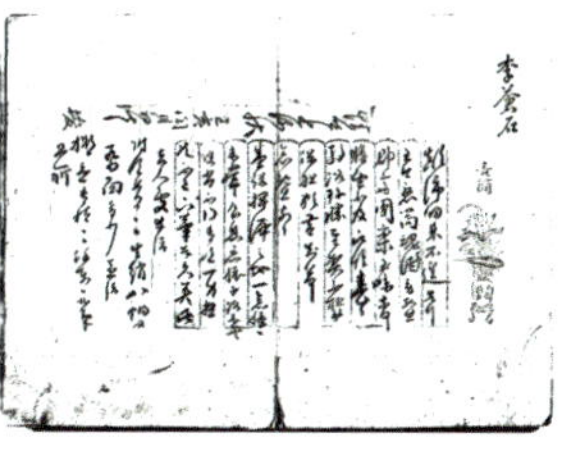

1. 창석은 어떻게 살았나

진나라 말기의 항우項羽와 유방劉邦의 얘기부터 시작하자. 항우와의 대결에서 승리한 유방은 한나라 고조高祖가 된다. 고조가 왕위를 물려주려고 할 때에 여후呂后의 소생으로 이미 책봉한 태자를 척부인戚夫人의 소생인 조왕趙王 여의如意로 바꾸려고 하였다. 대신들이 간쟁하여도 듣지 않자, 여후는 장량張良의 계책에 따라 태자로 하여금 상산사호商山四皓를 정중하게 모셔 오게 하고, 또 상산사호가 태자를 지성으로 보필하는 모습을 연출하게 하였다. 그러자 한나라 고조는 태자를 바꾸려던 뜻을 접었다는 고사가 있다. 상산사호는 진나라 말기에 전란을 피하여 상산商山에 들어가 은거했던 동원공東園公·기리계綺里季·하황공夏黃公·

녹리선생甪里先生을 말하는데, 상산에 은거한 4명의 백발노인이란 뜻에서 상산사호라고 한다. 이들은 주로 은자로 일컬어지지만, 한나라 고조가 태자를 바꾸려던 계획을 접었던 일화에서 보듯이 그들은 인품과 덕망이 아주 높았던 인물로도 유명하다.

그런데 상산사호는 중국에만 있는 것이 아니라 상주지역에도 예로부터 상산사호로 일컬어지는 인물들이 있었다. 우복愚伏 정경세鄭經世, 월간月澗 이전李琠, 창석蒼石 이준李埈, 남계南溪 강응철康應哲(1562~1635)이 바로 상주의 상산사호이다. 상주의 별칭 중 하나가 상산이고, 이 네 분들의 인품과 덕망이 상주지역을 대표할 수 있을 정도로 명망이 높았음을 보여 주는 것이라 하겠다.

상산사호의 대표적 인물인 창석은 이수인李守仁과 신수경申守涇의 따님인 고령신씨高靈申氏 사이에서 1560년(명종 15) 3월 6일에 태어났다. 정조 때의 명재상 번암樊巖 채제공蔡濟恭(1720~1799)은 창석의 행장行狀과 신도비명神道碑銘을 썼는데, 그는 11,000여 자가 넘는 장문의 행장에 창석의 일생을 꼼꼼하게 기록하였다. 또한 신도비명에서는 창석이 남긴 글을 읽고 나서 다음과 같이 탄식하였다.

> 공은 당대 최고의 인물이며, 공의 말씀은 당대 최고의 의리였다. 그러니 혼란했던 광해군 때에 공의 도가 수용되지 않고 공의 말이 용납되지 않았던 것은 참으로 당연지사라 하겠다. 인

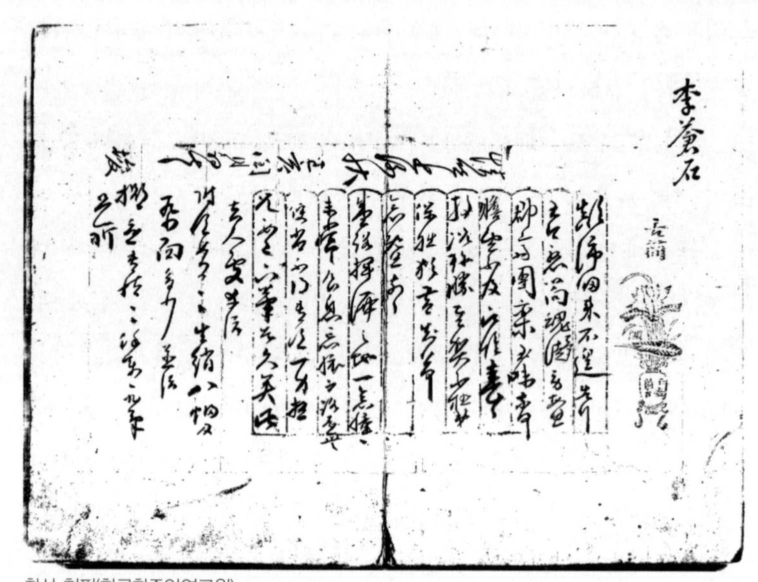

창석 친필(한국학중앙연구원)

조께서 즉위하여 태평하던 시절에도 국가의 치란에 관련된 공의 큰 의리와 큰 의론은 번번이 훈귀들의 권모술수와 부합하지 않아서 세상에 크게 펼쳐지지 못했고, 백성들이 입을 은택과 후학들이 흠모할 바가 그저 종이 위의 말에 불과할 따름이었다. 도가 행해지지 않은 것이 어찌 이분만의 운명이겠는가. 실로 천하 국가의 한스러움이로다.

창석은 1568년(선조 1, 창석 9세)에 월간과 함께 석천石川 김각金

覺(1536~1610)에게 나아가서 배웠고, 1572년(선조 5)에는 서산西山 민은閔誾(1529~1582, 다른 이름은 汝諧)에게 『맹자』를 배웠다. 특히 김각은 임진왜란 때에 상의군尙義軍 대장으로서 큰 공을 세워 군자감정軍資監正에 승진하고 용궁현감龍宮縣監을 지냈던 인물이다. 창석은 김각의 묘갈명墓碣銘에서 의병장과 스승으로서의 면모를 기리면서 "섬 오랑캐가 난리를 일으켜 백성들이 도탄에 빠졌을 때 군자가 있지 않았다면 누가 그 환란을 구제할 수 있었겠는가.…… 내가 뜰에 나아가 배운 것은 참으로 어릴 때였네. 나를 기르고 가르치느라 잠잘 때도 부르셨네"라고 하여 그를 애도하였다.

창석은 1580년(선조 13, 창석 21세)에 월간과 함께 상주목사로 있던 서애 류성룡을 찾아뵙고 가르침을 청하였고, 25세에는 『주역』을 배웠다. 이후 창석은 이황에서 류성룡으로 진해지던 학통을 잇게 되는데, 류성룡의 셋째 아들 류진과는 더욱 돈독하여 월간·정경세 등과 함께 『서애집』의 편집, 교정, 간행에 깊이 관여하였다. 창석과 류성룡은 학문으로 맺어진 사제지간일 뿐만 아니라 문학에서도 많은 공통점을 지녔던 듯하다. 류성룡은 몇 차례에 걸쳐 창석의 글을 칭찬한 바 있다.

> 창석잡영蒼石雜詠은 모두 속세를 훌쩍 벗어나는 뜻이 있네. 시어가 오묘할 뿐만 아니라 아름다운 경치도 상상이 가게 하네. 「선담기銑潭記」를 읽어 보니 마치 시냇가의 바람과 솔바람 소

리를 듣는 듯하여 나의 정신을 상쾌하게 하였네. 그곳의 경치가 빼어나기도 하겠지만 그대의 훌륭한 솜씨가 남김없이 묘사하였기 때문일 걸세. 산신령이 지각이 있다면 아름답게 묘사해 준 것을 다행으로 여길 걸세.

1591년(선조 24, 창석 32세) 가을에 창석은 별과別科에 합격하여 권지교서관정자權知校書館正字가 되었다. 하지만 서울에서의 관직 생활은 1년도 되지 않아 끝나고 만다. 창석은 이듬해인 1592년에 왜적이 침입하여 영남지역이 가장 먼저 피해를 입었다는 소식을 접한다. 이에 창석은 걸어서 상주로 내려와 부모님이 계신 곳을 날마다 울면서 찾아다녔지만, 창석의 노력에도 불구하고 그해 6월에 결국 부모님이 돌아가셨다. 그러나 풍전등화에 놓인 국가의 위기를 보면서 부모를 잃은 것을 슬퍼하고만 있을 수 없었다. 왜적의 침입에 의해 가족이나 친지를 잃은 것이 창석뿐만이 아니었다. 주변에 다른 많은 사람들도 이러한 고통을 겪고 있었다. 창석은 피눈물을 흘리며 왜적에게 대항할 사람들을 모았고, 순식간에 수천 명이 모여들었다. 이후 창석은 정유재란, 이괄의 난, 정묘호란 등 외침이나 군사적 상황이 발생하면 언제나 의병을 모아서 적극적으로 대처하였다.

창석은 1598년(선조 31)에 예천군수醴泉郡守가 되었다가 이듬해에 단양군수丹陽郡守가 되었다. 일반적으로 지방관은 3년을 재임하는데, 1599년부터 1603년까지의 5년 동안 단양군수를 지냈다. 전란 후의 민심을 수습하기 위한 것도 있었겠지만, 창석이 단양군수로 재임하던 때 단양에 교화가 크게 행해졌다. 그래서 관찰사가 창석의 치적이 제일 뛰어나다고 조정에 보고하였다. 실제로 창석이 홍문관수찬弘文館修撰이 되어 서울로 가려고 할 때에 단양의 백성들이 수레를 잡고 차마 보내지 못하며 "단양의 산은 빼어나고 기이하며, 단양의 물은 깊고 맑다네. 공을 머물게 할 수 없고 공의 이름만 머물게 할 수 있구나"(丹山秀且奇, 丹水深而淸. 不能使公留, 但得公留名)라고 노래하면서 창석이 떠나가는 것을 몹시 슬퍼하였다고 한다.

1604년(선조 37, 창석 45세)에 창석은 세자책봉주청사世子册封奏請使 이정구李廷龜(1564~1635)의 서상관書狀官이 되어 중국에 갔는데, 왜적이 침입하였을 때 자신을 구해 준 월간을 기리기 위해 중국의 화공에게 「형제급난도兄弟急難圖」를 그리게 하였다. 1607년(선조 40)에는 정경세 등과 도남서원의 건립을 건의하였고, 광해군이 즉위했을 때에는 경연經筵을 폐한 잘못을 상소하기도 하였다. 1611년(광해군 3)에는 정인홍鄭仁弘(1535~1623)이 영남의 대유인 이언적李彦迪과 이황李滉을 헐뜯은 죄를 논척하였고, 1614년(광해군 6)에는 영창대군永昌大君의 억울함을 밝히려 「만언소萬言疏」를 짓기도 하였다.

창석은 인조가 즉위한 뒤에도 인정을 받아 응교 · 공조참

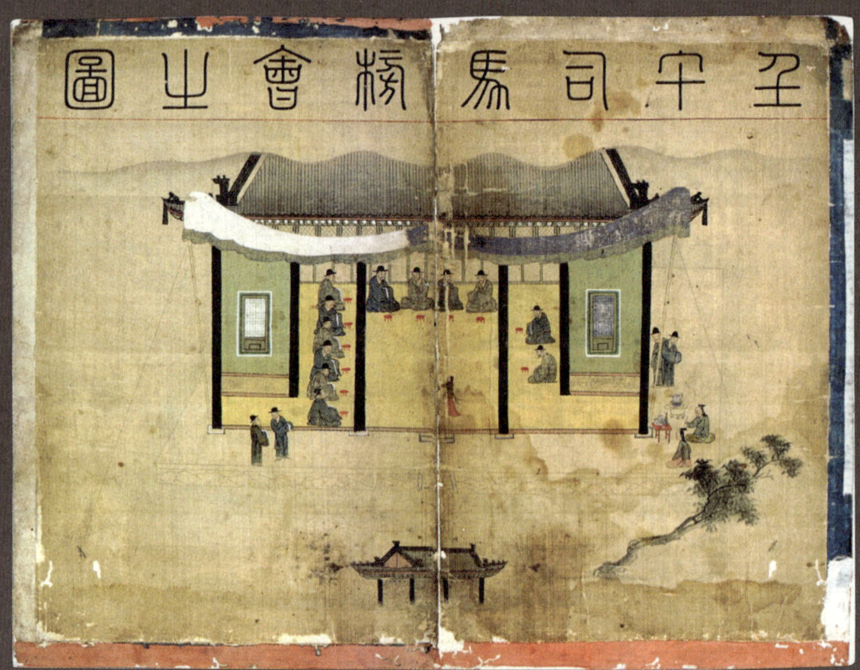

「임오사마방회도」(한국학중앙연구원). 가운데는 윤방, 오윤겸, 이귀, 김상용. 오른쪽은 이홍주, 정경세. 왼쪽은 나머지 6명

「임오사마방회도」 참석자 명단(한국학중앙연구원)

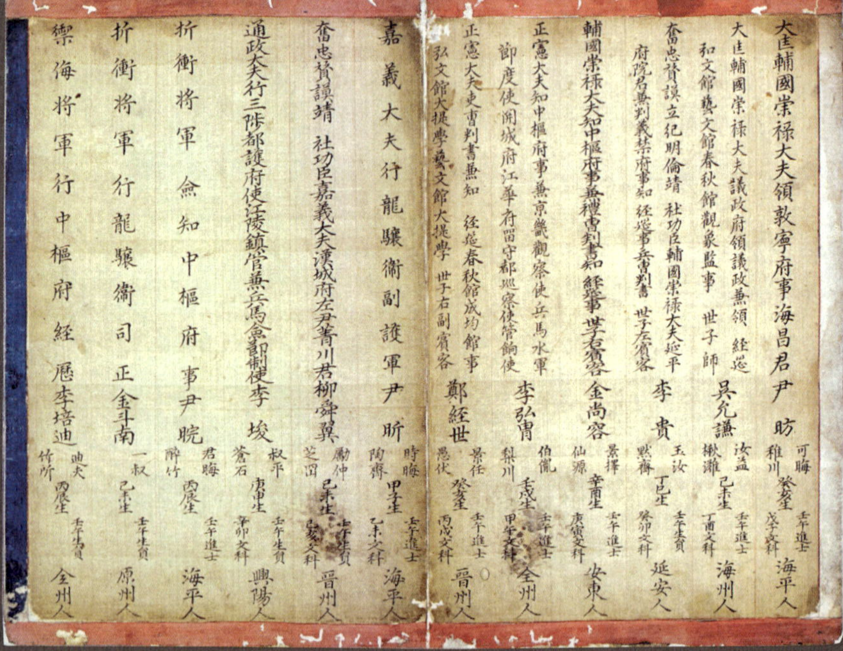

大匡輔國崇祿大夫領敦寧府事海昌君尹 昉 可晦 稚川 癸亥生 壬午進士 戊子文科 海平人

大匡輔國崇祿大夫議政府領議政兼領 經筵 弘文館藝文館春秋館觀象監事 世子師 吳允謙 汝益 楸灘 己未生 壬午進士 丁酉文科 海州人

奮忠贊謨立紀明倫靖 社功臣輔國崇祿大夫延平府院君兼判義禁府事知 經筵事兵曹判書 世子左賓客 李 貴 玉汝 默齋 丁巳生 壬午生員 癸卯文科 延安人

輔國崇祿大夫知中樞府事兼禮曹判書 經筵事 世子右賓客 金尚容 景擇 仙源 辛酉生 壬午進士 庚寅文科 安東人

正憲大夫知中樞府事兼京畿觀察使兵馬水軍節度使開城府江華府留守都巡察使管餉使 李弘胄 伯胤 梨川 壬戌生 壬午進士 甲午文科 全州人

正憲大夫吏曹判書兼知 經筵春秋館成均館事 弘文館大提學藝文館大提學 世子右副賓客 鄭經世 景任 愚伏 癸亥生 壬午進士 丙戌文科 晉州人

嘉義大夫行龍驤衛副護軍尹 昕 時晦 陶齋 甲子生 壬午進士 乙未文科 海平人

奮忠贊謨靖 社功臣嘉義大夫漢城府左尹菁川君柳舜翼 勵仲 芝田 己未生 壬午生員 [illegible]文科 晉州人

通政大夫行三陟都護府使江陵鎭管兵馬僉節制使李 埈 叔平 蒼石 庚申生 壬午生員 辛卯文科 興陽人

折衝將軍僉知中樞府事尹 晥 君晦 醉竹 丙辰生 壬午進士 海平人

折衝將軍行龍驤衛司正金斗南 一叔 己未生 壬午生員 原州人

禦侮將軍行中樞府經歷李培迪 迪夫 竹所 丙辰生 壬午生員 全州人

의 · 우승지를 거쳐 1630년(인조 8, 창석 71세) 봄에 삼척부사三陟府使가 된다. 비록 일흔을 넘긴 나이에 지방관으로 가는 것이기는 했지만, 창석이 삼척으로 떠나기 전에 매우 특별한 송별회가 열렸다. 창석은 임오년壬午年, 곧 1582년(선조 15, 창석 23세)에 사마시에 입격하여 생원이 되었다. 그런데 창석이 삼척으로 떠날 즈음에는 창석이 생원이 되던 임오년에 생원이나 진사가 된 인물들이 조정에서 많이 활동하고 있었다. 이날 송별회에 참석한 사람은 모두 12명이었다. 이 모임의 이름은 '임오사마방회壬午司馬榜會'인데, 임오년 사마시에 입격한 사람들의 모임이라는 뜻이다.

송별회를 주선한 사람은 이배적李培適(1556~?, 중추부경력)이고, 이배적은 류순익柳舜翼(1559~1632, 한성부좌윤)과 함께 송별회를 주관하기도 하였다. 그리고 이날을 기념하기 위해 그림을 그렸는데, 이 그림이 「임오사마방회도壬午司馬榜會圖」이다. 그림은 이홍주李弘冑(1562~1638, 경기관찰사)가 그리고, '임오사마방회지도壬午司馬榜會之圖'라는 전서篆書는 김상용金尙容(1561~1637, 예조판서)이 썼으며, 서문은 정경세(이조판서)가 썼다. 이 외에도 오윤겸吳允謙(1559~1636, 영의정), 윤방尹昉(1563~1640, 돈녕부사), 이귀李貴(1557~1633, 병조판서), 윤흔尹昕(1564~1638, 용양위부호군), 윤환尹晥(1556~?, 첨지중추부사), 김두남金斗南(1559~?, 용양위사정)이 참석하였다. 사마시에 입격하고 49년이 지나 이제는 머리가 희끗한 노인들의 모임. 비록 당파가 달라 반목하던 시절도 있었지만, 이날만큼은 동기로서의

『창석집』(국립중앙도서관)

『창석연보』(국립중앙도서관)

유대와 결속을 마음껏 다졌다.

1635년(인조 13) 6월 17일, 창석은 소장하고 있던 문적文籍을 맏아들 이대규에게 주고 졸하였다. 1871년(고종 8)에 '문간文簡'이란 시호를 받았는데, 창석의 행적을 고려하면 늦은 감이 없지 않다. 저서로는 원집原集 18권 10책과 속집續集 8권 4책으로 구성된 『창석집』이 있다.

창석이 졸한 뒤에 동계桐溪 정온鄭蘊(1569~1641)은 시를 지어 애도하였는데, 창석의 삶이 어떠하였는지 여실히 보여 주고 있다.

우로가 예전에 떠났거늘	愚老昔歸仙
창옹이 이제 또 떠나다니	蒼翁今入泉
사림들이 어찌 이렇게 죽어 가는가	人亡何至此
세도를 생각하니 가장 안쓰럽도다	世道最堪憐
나라에는 으뜸가는 문장을 잃었으며	國失文章伯
조정에는 강직한 인재가 없어졌도다	朝無戇直賢
외로운 나는 귀양살이 신세이니	孤蹤捨佩玦
이제는 누구와 함께 살아갈꼬	誰與共聯翩

창석은 선조에서 인조에 이르는 복잡한 현실 속에서 국방과 외교를 비롯한 국정에 대해 많은 시무책時務策을 제시했으며, 정경세와 더불어 류성룡의 학통을 이어받아 학계에 중요한 위치를

차지하였다. 또한 정치적으로는 남인세력을 결집하고 그 여론을 주도하는 중요한 소임을 하였다고 하겠다.

2. 불굴의 정신으로 나라를 위하다

창석이 살았던 시대는 난세 그 사제였다. 임진왜란, 정유재란, 이괄의 난, 정묘호란 등 전쟁이 빈번하게 일어났고, 또 당쟁이 한창 치열해지려는 즈음이었다. 하지만 창석은 문인임에도 불구하고 의병을 규합하여 각종의 외침에 대항하였고, 민감한 정치 사안에도 자신의 주장을 끝까지 굽히지 않았다. 창석의 이와 같은 모습은 강인한 정신력과 굳건한 기개가 없으면 불가능한 일이다. 아래에서는 창석의 여러 행적 중에서 의병활동과 간쟁활동을 살펴봄으로써 창석이 존경받고 추숭되는 이유를 짚어 보도록 하자.

창석이 처음으로 의병을 모아서 왜적에게 대항했던 것은

「금산혈전순절도」(문화재청)

칠백의총(문화재청)

1592년이다. 창석은 당시 서울에서 관직생활을 하고 있었는데, 왜적이 쳐들어왔다는 소식을 듣자마자 도보로 상주로 내려왔다. 창석은 정경세와 함께 창의倡義한 민중을 모았는데, 금세 수천 명이 모였다. 고모담鈷鉧潭에서는 민중들에게 무기와 군량을 나누어 주었고, 그 사이에 왜적을 많이 죽이기도 하였다. 그러나 이듬해에 왜적의 대대적인 반격을 받아 의군義軍은 궤멸되었고, 창석 역시 적의 수중에 들어갔다가 월간의 도움으로 목숨을 건질 수 있었다.

임진왜란 당시 전국 곳곳에서 의병활동이 일어났다. 객관적으로 따져 봤을 때 창석의 의병활동은 곽재우郭再祐(1552~1617)나 조헌趙憲(1544~1592), 사명당四溟堂(1544~1610) 등의 성과에 미치지 못한다. 하지만 창석의 의병활동은 일회성에 그치지 않고 국난을 당할 때마다 이어진다는 점에서 의의가 있다. 또한 의병활동이란 것이 뛰어난 몇몇의 공적만이 유의미한 것이 아니라 국난을 극복하기 위해 일어난 소규모 의병활동의 총합일 때 진정으로 의미가 있다는 점을 고려하면, 결코 창석의 의병활동을 낮게 평가할 수는 없을 것이다.

그러나 막상 의병활동을 전개하는 것이 쉬운 일은 아니다. 다수의 대중을 모을 수 있는 역량이 있어야 하는 것은 물론이거니와 개인적으로도 기개가 뛰어나지 않으면 의병을 조직할 수도 없고, 이끌어 나갈 수도 없다. 흔히 그러하듯이 시대가 혼란하면

마구잡이로 날뛰는 무뢰배들이 있기 마련이다. 창석이 전란의 소식을 듣고 상주에 왔을 때도 그러했던 모양이다. 일부 무뢰배들이 왜적의 옷을 훔쳐 입고 떼를 지어 다니며 노략질을 했는데, 창석이 의義로써 타이르자 무뢰배들이 감복했다는 일화가 있다. 선뜻 나서기 힘든 상황임에도 불구하고 창석은 과감히 무뢰배들에게 맞섰고, 또 이들을 감화시킨 것을 보면 창석의 기개가 보통은 아니었던 모양이다.

분의복수군奮義復讐軍. 풀이하면 의를 떨쳐 복수하기 위해 편성된 군대라는 뜻으로, 1596년(선조 29) 12월에 비변사의 건의로 왜병들에게 부모 형제를 잃은 유가족들을 중심으로 의병을 모집하여 편성한 군대이다. 알다시피 왜적은 정유년(1597)에도 침입하였다. 창석은 소모관召募官에 차출되어 남쪽으로 와서 의병을 규합하였다. 이때에 창석은 속오군束伍軍을 복수군에 귀속시켜 왜적을 토벌하자는 상소를 올렸고, 또 선조가 문경새재에 머물면서 군대를 지휘하여 왜적을 막을 것을 건의하는 상소를 올렸다.

> 문경새재 위에는 어류성御留城이 있습니다. 남쪽으로는 함창과 상주의 비옥한 들판이 넓게 펼쳐져 둔전을 경영할 수 있고, 북쪽으로는 충주가 강을 앞에 두고 험준한 산을 등지고 있어 성루城壘를 경영할 수 있으니, 혈맥이 서로 통하고 수미가 상통하고 있습니다. 만약 임금께서 삼군三軍을 거느리고 문경새

문경새재 제3관문(문화재청)

재 위에 머물면서 위엄으로 임한다면 군사들은 용기백배할 것 입니다.

문경새재는 임진왜란 당시 신립申砬(1546~1592) 장군의 일화로 유명한 곳이다. 왜적이 재침하자 조정에서는 다시 파천播遷하자는 의견이 있었는데, 창석은 물러서지 말고 끝까지 항전할 것을 선조에게 건의한 것이다. 선조도 창석의 건의를 가상하게 여기기는 했으나, 결국 이를 실행에 옮기지는 않았다.

1627년(인조 5)에는 정묘호란이 일어났다. 청나라 군대는 파죽지세로 밀고 들어왔고 인조는 세자를 전주로 보내 삼남지방을 위무慰撫하게 하였다. 창석은 곧장 짐을 챙겨 세자에게 달려가려고 했으나, 류진柳袗이 동남지역의 의병을 규합하여 적을 토벌할 계책을 마련하는 것이 좋다고 얘기하여 이를 받아들였다. 창석이 충의忠義로 군중에게 맹세하니, 이를 듣고 모여든 사람이 매우 많았다. 얼마 뒤에 호소사號召使가 창석에게 군량을 마련하라는 문서를 보내자 창석이 다시 의리로 호소하여 삽시간에 수천 섬의 곡식이 모였다. 이에 창석은 전주로 가서 세자를 뵙고 청나라 군대를 방어할 계책을 건의하였다. 창석의 의견을 듣던 무군사撫軍司 중에 한 명이 창석에게 군수물자를 모으는 일을 담당하는 조도사調度使에 임명할 것을 세자에게 건의하여 창석은 조도사가 되었다. 창석은 세자를 떠나 상주로 돌아오면서 여러 무군사들에게 다음과 같이 말했다.

> 생각건대 이번 적들은 명나라가 후방에서 공격할 것을 두려워하고 있으니, 형세상 반드시 스스로 퇴각할 것입니다. 다만 차

후에는 걱정거리가 더욱 커질 것이니, 자강자립自彊自立을 근본으로 삼아 적이 물러난 것을 다행으로 여기지 않았으면 좋겠습니다.

창석이 상주로 돌아와 여러 읍에 격문을 보내니, 한 달 만에 수만 섬의 곡식이 산더미처럼 쌓였다. 하지만 창석이 예상했던 대로 청나라 군대가 얼마 지나지 않아 퇴각하여 모았던 군량미를 모두 관청으로 보냈다. 청나라 군대가 물러나자 조정에서는 청나라와 강화를 체결하자는 의견이 점점 힘을 얻고 있었다. 이에 창석은 무사안일하게 강화론을 주장할 것이 아니라 차후에 적들이 쳐들어왔을 때 어떻게 대처할 것인가를 진지하게 고민해야 함을 강력히게 주장하였다.

흔히 일본이 침입한 왜란과 청나라가 침입한 호란의 차이점을 들면서 의병활동을 든다. 왜란 때에는 국가를 구하기 위해서 방방곡곡에서 의병활동이 활발하게 진행되었지만 호란 때에는 그렇지 않았다고 한다. 이렇게 된 원인은 여러 가지가 있을 수 있다. 왜란으로 인한 수습이 국가적으로 제대로 이루어지지 않은 상황에서 호란이 다시 일어났기 때문일 수도 있고, 왜란 때에 보여 준 위정자들이 실망스러운 모습이 백성들을 다시 일으켜 세울 만한 동기를 주지 못했기 때문일 수도 있다. 그러나 창석은 이러한 요인들을 따지지 않았다. 국가를 보호하고 백성을 아끼려는 일념으로 목숨을 돌보지 않은 채 전장의 이곳저곳을 누비고 다녔던 것이다.

생사를 장담할 수 없는 전란에 조금의 망설임도 없이 의병을 모아서 달려갔던 창석의 우국충정은 민감한 정치적 사안에도 유감없이 발휘되었다. 특히 60여 편이 넘는 상소문과 차자箚子에서 창석의 올곧음과 꼿꼿함을 확인할 수 있다. 특히 임금에게 신하들의 간언을 받아들이라는 글이 많은데, 창석은 「간쟁을 따를 것을 청하는 상소」(請從諫疏), 「간쟁을 도탑게 받아들이기를 청하는 차자」(請優納諫諍箚), 「언로를 열어 줄 것을 청하는 상소」(請開言路疏) 등을 올렸다. 이 중에서 임숙영任叔英(1576~1623)이 과거에 합격한 뒤에 광해군의 심사를 건드려 합격이 취소되는 삭과削科를 당하자 올린 상소를 보기로 하자.

> 임숙영이 한 말이 만에 하나라도 무고한 것이 아니라면 더욱 두려워하여 스스로를 반성하여 잘못된 점을 힘써 보완하는 것이 마땅하지 격식을 어겼다는 핑계로 그를 배척해서는 안 됩니다. 과거문장의 형식은 하나가 아니지만, 교묘하게 포장하여 고시관을 기쁘게 하는 것이 오늘날의 폐단입니다. 임숙영이 지은 것은 이러한 무리들에게 견주어 보면 비록 어긋난 것이기는 합니다. 그러나 그의 의도는 실제로 지극히 나라를 걱정하고 세상을 근심하는 마음에서 나왔고, 고혈을 짜내어 수

백 마디의 문장을 쓸 때에는 합격하느냐 마느냐에 조금도 신경 쓰지 않았습니다. 이와 같이 우뚝하고 거침없는 사람은 반드시 훗날에 강직한 절개를 가진 선비가 될 것입니다. 전하께서 사람을 선발할 때에 모든 사람을 이와 같이 한다면 과거문장이 날마다 격식을 어기더라도 잘못된 점을 바로잡을 수 있을 것이니, 얼마나 훌륭한 일이겠습니까.

이 글이 언제 지어졌는지는 확실하지 않다. 다만 임숙영의 삭과사건은 1611년(광해군 3) 3월에 시작되어 사간원司諫院·사헌부司憲府·홍문관弘文館을 비롯하여 여러 사람들이 삭과의 명령을 거두어들일 것을 아뢰었고, 6월에 이항복李恒福(1556~1618) 등의 건의로 삭과의 명령이 거두어졌다고 하니, 창석의 이 상소문은 3월에서 6월 사이에 지어진 것 같다.

임숙영의 필적(한국학중앙연구원)

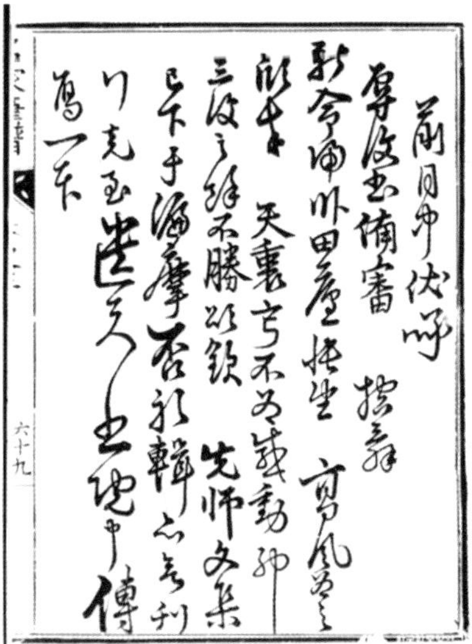

임숙영이 과거에 응시했을 때는 광해군의 인척들

이 국권을 제멋대로 휘두르고 있었다. 임숙영은 과거 답안지에서 인척들의 비리를 조목조목 비판하였는데, 답안지의 내용이 얼마나 신랄했던지 고시관들이 겁에 질린 나머지 합격시키지 않으려고 하였다. 당시의 재상이던 심희수沈喜壽(1548~1622)가 임숙영의 실력을 아깝게 여겨 임숙영은 겨우 합격하였다고 한다. 하지만 광해군은 불같이 화를 내고는 고시관들을 질책하고 임숙영의 합격을 취소시켰다. 창석이 상소문를 올리자 광해군은 "소를 살펴보니 모두 곧은 말이었다. 깊이 유념하겠다"라고 하였으나, 삭과의 명령을 거두어들이지는 않았다.

이를 통해 우리는 두 가지를 알 수 있다. 첫째는 임숙영의 삭과사건은 광해군이 크게 화를 낼 정도로 매우 민감한 사안이었다는 것, 둘째는 창석이 자신이 옳다고 여긴 것은 어떠한 상황에서도 절대로 굽히지 않고 꿋꿋하게 밀고 나갔다는 점이다.

이에 앞서 창석은 광해군에게 「평소 갖추고 보아야 할 열 가지의 경계」(宴居備覽十箴)를 올렸는데, 6,600여 자에 달할 정도로 장문의 글이다. 열 가지의 경계는 하늘에 의거하다(體天), 조상을 본받다(法祖), 현인을 존경하다(尊賢), 백성을 사랑하다(愛民), 익히는 것을 신중히 하다(愼習), 원대한 생각을 가지다(遠慮), 간언을 듣다(聽諫), 사악한 자를 물리치다(去邪), 성을 보존하다(存誠), 학문에 힘쓰다(務學)였다. 그리고 각 조목의 아래에는 근거가 되는 선유先儒들의 설을 인용하여 그 뜻을 보완하였다. 광해군은 "내 마땅히 좌우에 두고 보겠노라"라고 말하며 표범 가죽 1장을 하사하였다고 한다. 이 글을 본 이항복李恒福은 창석에게 편지를 보내 "잠箴과 해설은 의리義理가 정밀하고 절실하며 간략하고도 마땅하니, 오늘날에 계상溪上의 서론緖論을 볼 수 있을 줄은 생각하지 못한 일이었소"라고 하였다. 또한 정경세는 "만약 광해군이 열 가지 중에 한 가지라도 제대로 따랐다면 어찌 폐위되는 지경에 이르렀겠는가"라고 탄식했다고 한다.

상소문의 제목 중에 '진폐소陳弊疏'라는 것이 있는데, 이것은 폐단을 진술하는 상소문이라는 뜻이다. 관할지역의 폐해를 진단하여 그 대안을 제시하는 것이 주목적이다. 창석은 1626년(인조 4)과 1630년(인조 8), 그리고 시기를 알 수 없는 해에 진폐소를 올렸다. 또 '진시무소陳時務疏'라는 것이 있는데, 이것은 당대에 급선무로 삼아야 할 것이 무엇인지를 진술하는 것으로, 당대의 국정 전반을 진단하는 안목이 오롯이 드러나는 글이다. 1627년(인조 5)에 올린 「시무를 진달하는 상소」(陳時務疏)[1]를 보자.

당시 공조참의였던 창석은 ① 오랑캐 침입의 예와 대비책 ② 항전과 화의에 대한 견해 ③ 자강自强을 통한 적 토벌 ④ 국방의 강화와 실천 방법 ⑤ 우환의식과 위란危亂에 대한 대비책 ⑥ 애민정신의 함양과 민본주의 함양 ⑦ 간관諫官의 의견 수용과 언로言路 개방 ⑧ 시류한탄과 직사直士에 대한 우대 ⑨ 간언이 용납되지 않음에 대한 한탄 등 대략 아홉 가지의 사안을 건의하였다. 하지만 창석이 가장 주안점을 두고 있던 것은 외침의 대비와 자구책 마련이었다. 그도 그럴 것이 이 상소문을 쓴 시기는 정묘호란 직후였기 때문이다.

> 외적을 막을 수 있는 계책은 싸움(戰)·지킴(守)·강화(和)에 불과한데 굳게 지키는 것(固守)이 이 세 가지의 요점이 됩니다. 국내를 다스리는 계책은 백성(民)·병사(兵)·재물(財)에 불과한데 아껴 쓰는 것(節用)이 세 가지의 근본입니다. 만일 굳게 지키는 것과 아껴 쓰는 것을 시행하려 한다면 또 인재를 얻어 책임을 맡기는 데 달려 있습니다. 신이 이 두어 가지 일에 대하여 하나의 의견이 있으나 적절한 말들이 아니니, 어찌 감히 성상 앞에 낱낱이 말씀드릴 수 있겠습니까. 바라건대 성상께서는 더욱 분발할 생각을 하셔야 합니다. 그리고 백성들의 식량이 넉넉하도록 계책을 서둘러 강구해야 할 것이며, 뒤로 미루어서는 안 됩니다.

인용문은 『인조실록』 5년(1627) 9월 18일자 기사에 있는 내용이다. 앞뒤의 내용을 살펴보면 위에서 소개한 「시무를 진달하는 상소」와 중복되는 부분이 있는데, 현재의 문집에는 이 부분이 없다. 창석은 외적을 상대하는 계책과 국내를 다스리는 계책으로 나누어 대의를 역설하였다. 특히 전란 때문에 피폐해진 백성의 삶을 타개하기 위해 식량을 늘릴 것을 주장하였는데, 가장 시급한 사안이 무엇인지를 정확하게 짚어 내고 있다. 이에 대해 인조는 "그대의 소장疏章을 보니 진술한 내용이 모두 약석藥石과 같은 말이다. 그대의 국가를 위한 충성을 내가 실로 가상하게 여긴다. 마땅히 가슴에 새겨 채용하여 시행하도록 하겠다"라고 대답하였다.

3. 상주의 풍류를 노래하다

낙동강 1,300리 물길 중에서 최고의 절경인 경천대擎天臺는 자연이 인간에게 준 위대한 선물이다. 혹자는 부여夫餘의 낙화암落花巖, 충주忠州의 탄금대彈琴臺와 함께 우리나라 3대 절경이라 칭하지만, 도도한 물줄기와 넓게 펼쳐진 백사장을 한 품에 안고 있는 경천대를 어찌 이들과 견주랴. 경천대는 상주의 복덩어리이자 우리나라의 보물이다.

창석이 태어나기 이전부터 경천대는 낙동강과 함께 승경을 뽐내었고, 지금도 여전히 아름다움을 맘껏 과시하고 있다. 창석은 비록 한평생 나라를 위해 몸 바쳤던 인물임에 틀림이 없지만, 이 아름다운 절경을 그냥 지나치지 않았다.

경천대(한국학중앙연구원)

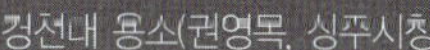

경천대 용소(권영목, 상주시청)

강원도 태백시 황지천에서 발원한 낙동강은 안동, 상주, 구미, 대구, 삼랑진, 부산을 거쳐 남해로 흘러들어 간다. 경상도를 관통하고 있기 때문에 예로부터 서울을 기점으로 왼쪽에 있는 지방을 경상좌도, 오른쪽에 있는 지방을 경상우도라고 불렀다. 낙동강이 경상도 주요 지역을 지나는 만큼 이곳에서는 뱃놀이와 함께 많은 시회詩會가 조직되어 운영되었다. 그중에서도 상류의 안동·상주 일대, 중류의 대구 일대, 하류의 함안 일대에서 활발하게 운영되었다. 상류에서는 주로 퇴계 이황과 그 학파를 중심으로 이루어졌고, 중·하류에서는 이황의 제자인 한강 정구와 그의 문인들을 중심으로 형성되었다.

상주의 낙동강 일대에서 뱃놀이를 하면서 시를 지은 것은 유래가 오래되었다. 고려시대 이규보李奎報는 1196년 6월 14일 상주에 도착하여 9월 15일 상주를 떠날 때까지 3개월간 상주 주변을 유람하였는데, 뱃놀이를 하면서 지은 시가 26수 남아 있다. 또한 안축은 1343년에 상주목사로 부임하여 1수를 지은 바 있고, 조선시대에 들어서도 점필재佔畢齋 김종직金宗直(1431~1492), 탁영濯纓 김일손金馹孫(1464~1498) 등이 많게는 10여 수를 지은 바 있다. 하지만 상주의 뱃놀이 시는 창석이 참여했던 낙강시회洛江詩會에 이르러 정착되고 전범이 형성되었다고 하겠다.[2]

창석은 1607년(선조 40)에 한 차례, 1622년(광해군 14)에 두 차례의 시회를 가졌고, 이후로도 후배들에 의해 1778년까지 171년 동안 이를 기리기 위한 낙강시회가 계속해서 개최되었다. 그리고 이때에 지은 시들은 『임술범월록壬戌泛月錄』, 곧 임술년 달밤에 뱃놀이를 하면서 지은 시라는 제목의 시집에 전하고 있다. 여기에는 120여 수의 시와 20여 편의 서문과 발문 등이 남아 있다.

이 중에서도 규모나 의의 면에서 가장 중요한 것이 바로 1622년, 곧 임술년 7월 16일에 가진 시회이다. 여기에 참석한 사람은 이 모임을 주도한 창석과 그의 형인 월간, 창석의 아들 이대규李大圭 · 이원규李元圭 · 이문규李文圭, 월간의 아들 이신규李身圭, 조정趙靖, 강응철康應哲, 류진柳袗, 김지복金知復, 전식全湜, 전식의 아들 전극항全克恒 · 전극염全克恬 등 모두 25명이었다. 당시 창석이 교유하고 있던 상주의 유명 인사는 물론 자신뿐만 아니라 동료들의 자식들도 참여하는 거대한 시회였다. 『임술범월록』에 이때에 지은 시 26수와 시의 서문 3편이 전하는데, 참여한 사람이 모두 한 수씩 지은 셈이다.

그러면 어떤 방식으로 시를 지었을까. 시를 지으려면 운자韻字가 필요하다. 대개 모임을 주관한 사람이 운자를 정하고 그 운자에 맞추어 여러 사람이 시를 짓는 것이 일반적인 방식이다. 하지만 이날 모임에 참석한 사람이 매우 많았고, 이 모임을 가지게 된 주된 이유가 임술년 7월 16일이었기 때문에 일반적인 방식으로 운자를 정하지 않았다. 이 모임에서 시의 운자로 선택한 것은 중국 송나라의 시인 소식蘇軾(1037~1101)의 「적벽부赤壁賦」에 나오

「적벽야유」(조석진)

는 구절이었다. 기념할 만한 문구나 좋은 구절에서 한 글자씩 골라서 운자를 정하는 것을 분운分韻이라 하는데, 말 그대로 운자를 나누어 짓는다는 말이다.

「적벽부」의 첫 구절은 이렇게 시작한다.

> 임술년(1082) 7월 16일에 소식은 손님과 함께 배를 띄워 적벽의 아래에서 노니니, 맑은 바람은 살랑살랑 불고 물결은 잔잔하네.
> 壬戌之秋, 七月旣望, 蘇子與客泛舟, 遊於赤壁之下, 淸風徐來, 水波不興.

「적벽부」는 광활한 우주에 비해 한없이 왜소한 인생의 덧없음을 노래하면서도 쓸쓸하거나 비굴한 것이 아니라 자연에 순응하면서 이를 유유자적하게 즐기는 소식의 속내가 잘 드러나 있는 작품이다. 소식의 대표 작품임은 물론이거니와 불교와 도교에 빠졌다고 비판하는 유자들도 이 작품의 호쾌함만은 인정할 수밖에 없는 작품이다. 때문에 '임술년 7월 16일'은 후대 문인들의 낭만의 상징이 되었다. 그도 그럴 것이 인생에서 임술년은 거의 한 번 만날 수 있는 것이고, 만난다고 하더라도 어느 연령대, 어떤 상황에 있느냐에 따라 이를 즐길 수 있느냐 없느냐가 달라진다. 창석이 맞이한 임술년은 그의 나이 63세였다.

「적벽부」를 분운하는 과정에서 창석은 '임술지추'의 '추秋' 자를 얻어 다음과 같이 노래했다.

정처 없이 늙어 가며 산림에 매였으니
어찌하면 날아올라 신선 섬에 이르랴
아름다운 계절에 태평성대를 맞이해서
군자들이 함께 옛 사람의 유람을 즐기네
구름 사이로 문득 달빛이 비치니
거울 같은 강물엔 누가 배를 띄웠나
학사대 주변의 바위는 대자리를 깐 듯하고
사군정 아래의 물은 미끈한 기름이 흐르는 듯
아스라한 유람이 학을 탄 듯 황홀하니
지난 일은 까마득히 사라져 버렸네
다행히도 명승지가 볼품없는 나를 받아 주니
어찌 번거롭게 세속의 일로 골머리를 앓으랴
……

萍蹤潦倒滯林丘　羽化何緣到十洲
佳節正當玄默至　群賢共繼昔人遊
雲間俄見寒蟾透　鏡裏誰教彩鷁浮
學士臺邊巖似筆　使君亭下水如油
逈遊怳若身乘鶴　往事茫然劍刻舟
自幸名區容落魄　寧煩世念入搔頭
……

이날의 모임을 기획한 것은 창석이었다. 창석은 처음에 몇 사람에게 도남서원道南書院 서쪽에 용연龍淵이 있는데 경치가 아주 좋으니 함께 놀러가자고 하였다. 소식이 적벽에서 뱃놀이한 것을 예로부터 모든 사람이 부러워하였으니, 비록 시를 짓는 재주가 소식보다 못하더라도 흥취는 결코 소식에게 뒤지지 않을 것이라는 것이 이 모임을 주선한 취지였다. 게다가 일생에 한 번밖에 없는 임술년 7월이 아니던가. 순식간에 많은 사람들이 모여들었다.

그런데 문제가 발생했다. 오후에 내린 비가 잠깐 개었으나 달빛이 여전히 어둑어둑하였다. 소식이 적벽에서 노닌 홍취의 백미는 맑은 바람과 밝은 달빛이었는데, 달빛이 좋지 않으니 홍이 일어날 리가 없다. 모두 시무룩해져 뱃놀이를 할 홍이 일어나지 않았다. 그래서 창석이 분위기를 바꾸기 위해 농담을 던졌다.

이 사람들아, 원래 좋은 풍광은 땅귀신이 꼭꼭 숨겨 두고 보여 주지 않는 걸세. 게다가 시인들이 온갖 경치를 죄다 시로 읊어 버리면 조물주가 싫어하지 않겠는가. 그나마 우리는 다행일세. 비는 그쳤고 물결 위로 부는 바람 또한 좋지 않은가. 자, 배를 타고 가 보세. 들고 온 붓을 잠재우고 마련된 배를 묵혀 둘 순 없잖은가. 구름을 걷어 내어 달이 나오게 할 재주는 없네만, 삿대를 들어 올려 낙동강의 안개는 쪼갤 수 있을 걸세. 달이 없다고 이 좋은 모임을 망칠 수는 없잖은가.

모두 한바탕 크게 웃어서 기분 전환이 되었다고 한다. 이날의 뱃놀이는 도남서원에서 출발하여 구암龜巖, 풍호楓湖, 점암簟巖을 갔다가 다시 도남서원으로 돌아와 묵는 것으로 끝이 났다. 다행히도 밤이 깊어 가자 구름이 조금 걷히고 달빛이 약간 비추었다. 모두 이때다 싶어 시를 짓고 술을 마시며 이슬이 옷을 적시는 것도 몰랐다고 한다. 이렇게 지어진 시들이 바로 『임술범월록』의 핵심이 되었고, 또 후대까지도 이 모임이 유지될 수 있는 근간이 되었다.

하지만 이 당시 모인 사람들의 감흥은 여기에서 끝나지 않았다. 이들은 다음 날 다시 배를 타고 용연으로 거슬러 올라가 산수의 풍광을 만끽하고 돌아왔다고 하니 풍류가 어느 정도였을지 짐작이 된다.

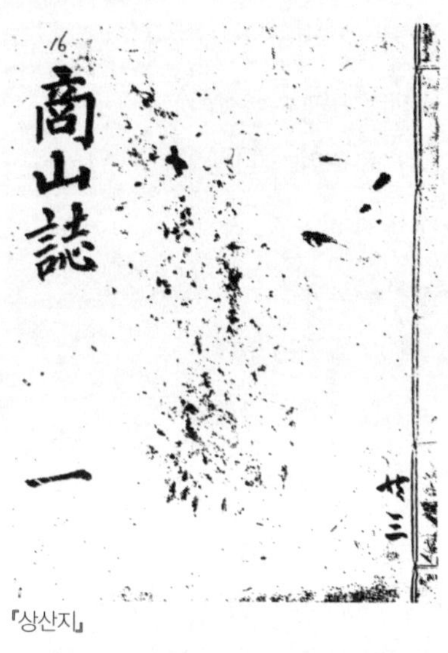

『상산지』

書商山誌後　李埈

商山爲嶺中上游山水之秀人才之衆有稱於前古素矣而顧無邑誌可
攷其詳好古君子病之上年春地主康公抵書謂余曰邑之有誌猶國之
有乘典章文物之所徵美惡勸懲之所係其有補於治體非細矣而誌闕
於此豈古者外史掌外志之義乎子嘗不謟屬太史氏乎修邑誌補闕典
誰非史氏事乎地主所屬意旣如是之勤則蒐輯聞見以備一邑文獻實
有不得以辭者顧一邦載籍旣灰恨無可據文字適鄕友丘希浚以其所
嘗牒出公館記述見投兵火百刼之餘惟此敗楮遺墨其旣亡而不亡或
者有神物陰護之耶乃就其中掇取若干首並輿地勝覽及雜誌所載而
類聚之綱目粗備而旋爲疾病所撓奪遂屛置几格者殆累月矣是年夏
丁侯東園公繼視州篆責以卒業其意益篤遂出前後所據而加釐正列
爲十目分爲二卷事物無窮雖纖悉之難數咨訪旣悉實耳目之有據於
是而疆域之沿革戶口之登耗治績之優劣風習之醇醨披卷已得如掌
斯指噫倘八國朝歷二百餘年其間闕幾實守而邑誌之作始見於今日

『상산지』 서문

창석은 1617년(광해군 9)에 사찬읍지私撰邑誌인 『상산지商山誌』를 편찬하였는데, 『상산지』는 요즘의 시지市誌 또는 군지郡誌에 해당한다. 『상산지』는 목사로 부임한 강복성康復誠(1550~1634)의 후원으로 시작하여 뒤를 이은 정호선丁好善(1571~1633)의 재임기간에 완성하였으며, 상주의 지리 · 세금 · 학교 · 제사 · 관공서 · 유적 · 인물 등을 한눈에 파악할 수 있도록 체계적으로 정리한 책이다. 창석이 상주를 지극히 사랑하지 않았다면 수고로움을 감내해 가면서 이 책을 편찬하지 않았을 것이다. 낙강시회 역시 이것의 연장선상에 있다고 하겠다. 낙강시회는 한때의 풍류로 끝난 것이 아니라 후대까지 이어지면서 상주를 대표하는 문화동아리로 자리 잡았다는 점에서 그 의의가 크다고 할 것이다.

기왕 창석의 상주 사랑을 거론하였으니, 낙강시회보다 앞서 상주의 풍류를 노래한 창석의 활동을 하나 더 살펴보도록 하자.

『연악문회록淵嶽文會錄』이라는 책이 있다.[3] 연악淵嶽(지금의 甲長山) 아래의 연악서재淵嶽書齋에서 가진 문회文會의 시문을 엮어 놓은 공동 시집이다. 『연악문회록』은 모두 33장으로, 창석의 서문과 11명의 공동 시작詩作인 연악연구淵嶽聯句, 분운시分韻詩, 「제연악승유록후題淵嶽勝遊錄後」, 「제서문회록권후題書文會錄券後」 등으로 구성되어 있다.

창석의 서문에 의하면, 이 모임이 이루어진 계기는 이러하다. 당시의 상주목사 현주玄洲 조찬한趙纘韓(1572~1631)이 남촌南村에 행차하여 부로父老들을 위로하고 술자리를 마련하였는데, 주흥이 반도 미치지 못하여 조찬한이 공무를 위해 관아로 돌아가려고 하였다. 마침 시커먼 구름이 몰려오더니 금세 비를 쏟아 부었다. 부로들이 이것은 "조물주의 뜻이다"라고 하며 조찬한을 머물게 하였고, 조찬한은 공무를 미룰 수 없다며 돌아가려고 하였다. 조찬한과 부로들 간의 정겨운 실랑이가 벌어지다가 결국 조찬한은 연악서재에 머물게 되었는데, 이 모임은 1622년(광해군 14) 5월 25일부터 28일까지 3박 4일 동안 지속되었다.

이 모임에 참석한 사람은 모두 15명이었는데, 조찬한, 정경세, 월간, 창석, 송만松灣 김혜金惠(1566~1624), 도천道川 황시간黃時幹(1558~1642, 初名은 廷幹), 지연止淵 김원진金遠振(1559~1641), 남계南溪

강응철康應哲, 낙애洛涯 김안절金安節(1564~1632), 북계北溪 조광벽趙光璧(1566~1642), 우연愚淵 김지복金知復(1568~1635), 이상필李尙弼(1603~?), 강용후康用侯(1590~1641), 허충룡許翀龍(?~?), 김진金縝(?~?)이다. 이 중에 강용후는 강응철의 아들이고, 이상필 · 허충룡 · 김진은 제자뻘 되는 사람이다.

당시가 광해군 말년이었던 만큼 시사時事에 대해서 일절 말하지 않는 것이 이 모임의 규칙이었고, 나머지는 모두 스스럼이 없이 얘기를 나누어 분위기가 매우 화기애애하였다. 술자리가 이어지면 으레 등장하는 것이 시 짓기였다. 이들은 당나라의 문인 한유韓愈(768~824)의 시 「두시랑을 모시고 상서사에 노닐다가 홀로 묵으며 시를 지어 양상시에게 바치다」(陪杜侍御遊湘西寺獨宿有題獻楊常侍) 중에서 "여럿이 갈 때에는 선후를 잊고 벗과 쉴 때에는 체면을 잊는다"(群行忘後先, 朋息棄拘檢)라는 구절을 분운分韻하여 시를 지었다. 이때에 창석이 얻은 운자는 맨 마지막 글자인 '검檢' 자였다. 창석이 지은 시는 모두 40구로, 여기에서는 마지막 부분만 맛을 보도록 하자.

이 판판한 다리미를 높이어 　　　　挹此金斗熨
덕행에 흠이 없기를 생각하고 　　　己德思無玷
저 우뚝한 봉석을 우러르며 　　　　仰彼奉石崇
학문이 진전되길 기약하였네 　　　　進學期有漸

속세의 허물 다 벗지 못했으니　　　俗累未盡去
어찌 바윗집에 머물 수 있으랴　　　那得留厓广
내일 아침이면 속세로 돌아가　　　明朝返塵土
쓸쓸히 홀로 문을 닫겠구나　　　寂廖門獨掩
언제쯤이나 이곳에 와서　　　何日此中來
상자 열고 신선술을 익히랴　　　丹經討瑤檢

유학자로서의 사명인 덕행과 학문을 연마하고자 했지만 언제나 그렇듯이 이는 쉬운 일이 아니었다. 게다가 동료들과 유쾌하고 즐겁게 보내는 시간은 무한정 주어지는 것이 아니라 당장 내일 아침이면 세속으로 돌아가 속세 사람으로 행세해야 하는 것이다. 창석은 이 시에서 번잡한 세상에서 벗어나고자 하는 바람과 언제 다시 열릴지 모를 모임에 대한 아쉬움을 진하게 쏟아 내고 있다.

연악문회는 미리 계획한 것이 아니라 즉흥적으로 결성된 것이었다. 그렇지만 이 자리에 참석한 조찬한, 정경세, 창석, 월간, 강응철 등이 내로라하는 문인이었음을 감안하면 이 문회의 질적 수준을 어느 정도 가늠할 수 있을 것이다. 또한 조찬한을 제외하고는 모두 상주의 거유巨儒였다. 이 문회록은 지금까지 발견된 것 중에서 상주지역 선비들의 최초의 공동 시집이라는 의의도 있겠지만, 상주지역 인사들의 의식세계와 문화를 일정 정도 대변한다는 점에서도 의의가 자못 클 것이다.

주

1) 창석의 「시무를 진달하는 상소」(陳時務疏)에 대해서는 이구의, 「「상소문」에 나타난 창석 이준의 정신세계」, 『상주문화연구』 16(상주문화연구소, 2006), 14~24쪽 참조.

2) 창석이 주관한 낙강시회에 대해서는 孫有珍, 「『壬戌泛月錄』에 나타난 空間 認識의 樣相과 意味」(경북대 석사논문, 2010)에 자세하게 기술되어 있고, 이를 많이 참조하였다.

3) 연악문회에 대해서는 권태을, 「연악권 시회」, 『갑장산』(상주문화원, 1996), 71~153쪽 참조.

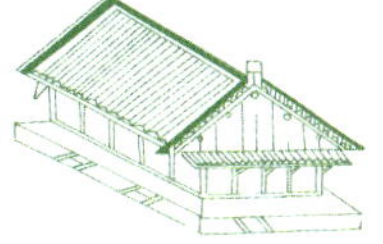

제3장 형을 공경한 동생, 동생을 사랑한 형

1. 동생을 구한 형을 기리다

요즘은 핵가족시대를 넘어 자식도 한 명을 낳는 것이 상례이다. 마음이야 여러 명을 낳고 싶지만 삶이 팍팍하니 이내 그 마음을 접을 수밖에 없다. 당연히 형제 없이 혼자 크는 아이들이 많을 수밖에 없다. 중국에서는 일찍부터 인구를 줄일 요량으로 한 명 낳기가 대대적으로 진행되었고, 지금은 자식을 '소황제' 라 부르는 것에서 알 수 있듯이 지나치게 애지중지한다. 우리나라도 점점 이런 추세로 가고 있다. 중국에서 자식을 한 명만 낳은 이유와는 분명히 다르겠지만, 결과적으로 한 명을 낳고 기르다 보니 문제점도 많다.

인간은 사회적 동물이다. 홀로 산속에 틀어박혀 살지 않는

백화산 한성봉(한국국학진흥원)

한 누군가와는 관계를 맺으면서 살아간다는 말이다. 하지만 흔히 지적하듯이 '소황제' 들의 가장 큰 문제는 이기적이라는 것이다. 때문에 형제의 우애가 얼마만큼 현재의 독자들에게 감응이 있을지 모르겠다. 하지만 인성의 기초는 가족에게서 형성되고 이것이 사회를 이끌어 가는 원동력이 됨은 누구도 부정하지 못할 것이다.

1592년 임진왜란이 일어났을 때 창석은 서울에 있었는데, 왜적이 쳐들어와서 영남지방의 피해가 심하다는 소식을 듣고 걸어서 고향으로 돌아왔다. 고향에 돌아온 창석은 피난하던 수천 명을 모아 안령鞍嶺에서 적을 막았지만, 중과부적으로 인해 결과는 처참했다. 정식으로 군사교육을 받은 왜적을 상대하기에 피난민의 군사력은 너무나 미약했기 때문이다. 하지만 충의로 똘똘 뭉친 사람들은 끝까지 포기하지 않고 창석과 정경세를 추대하였고, 창석은 다시 의병을 모아 고모담鈷鉧潭에 진지를 꾸렸다.

이듬해 2월 왜적들은 이 진지를 에워싸고 공격하여 의병군은 크게 패배하였다. 이때 창석은 형 월간과 함께 포위망에서 탈출하다가 갑자기 현기증으로 쓰러졌다. 그 원인은 곽란霍亂, 지금으로 말하면 급성위장염이었다. 하지만 완전하게 왜적의 포위망에서 빠져나온 것이 아니었다. 창석은 월간에게 말했다. "형님, 제가 몸이 아파서 죽을 것 같으니 형님이라도 탈출하십시오." 하지만 월간은 창석의 말을 듣지 않고 창석을 업고 백화산白華山에 이르렀다.

이렇게 백여 걸음을 가던 즈음에 갑자기 왜적 하나가 칼을 빼 들고 나타났다. 월간은 하늘을 향해 "하늘이 만약 지각이 있다면 우리가 죄가 없음을 알 것이다"라고 소리치고, 또 산을 우러러보며 "백화산 신령은 우리를 구해주시오"라고 빌었다. 그런 뒤에 월간은 창석을 내려놓고 활을 당겨 왜적을 겨누며 큰소리로 꾸짖으니, 그 기세에 눌린 왜적은 크게 고함치며 달아났다. 그러나 이것이 끝이 아니었다. 몇 걸음을 가고 있었는데, 왜적들이 칼을 빼 들고 연이어 달려들었다. 그러자 이번에도 월간은 시위를 당겨 적을 겨누며 큰소리를 쳤고, 왜적들은 다시 주춤주춤하다가 달아났다.

왜적들이 달아났다고는 하나 창석과 월간이 왜적들의 손아귀에서 빠져나온 것은 아니었다. 이들이 언제 다시 들이닥칠지 알 수 없었고, 게다가 창석의 정신이 여전히 가물거리는 상태였기 때문이다. 월간은 오줌을 움켜 창석에게 먹였고, 창석이 조금 기운을 차리자 다시 창석을 업고 산 정상까지 올라갔다. 정상에 올라 정신을 차린 창석이 산 아래를 굽어보니, 십여 리에 걸쳐 왜적들이 빼곡하게 들어서 있었고, 죽은 시체들도 즐비하였다. 참으로 절체절명의 위기에서 탈출한 것이다.

훗날 창석은 이를 회고하며 다음과 같이 말했다.

> 아! 형님은 미약한 몸으로 지치고 주린 가운데서도 동생을 업고 산을 올랐는데, 피곤함을 강건함으로 극복하여 마치 건장한 사람이 가파른 산을 오르는 것 같았다. 결국 적들의 흉악한 칼끝이 겨누는 상황에서 동생을 구해내셨다. 이것은 강인한 정신의 발로이거나 천지가 몰래 도운 것이 아니라면 어찌 이렇게 될 수 있었겠는가. 이를 통해 나는 사람의 정신은 이루지 못하는 것이 없다는 것을 알았다. 창을 휘둘러 해가 물러나게 하고, 활을 당겨 파도가 물러나게 하며, 가슴을 때려 서리가 내리게 하고, 구슬프게 울어 성을 무너뜨렸다는 옛날의 일들이 어찌 참말이 아니겠는가.

「형제급난도」(한국학중앙연구원)

이로부터 11년 뒤인 1604년에 창석은 이정구李廷龜(1564~1635)의 서장관이 되어 명나라에 갔는데, 그때 연경燕京에 있는 화공에게 부탁하여 그 당시의 일을 그리게 했다. 이것이 현재 전하고 있는 「형제급난도兄弟急難圖」이다. 「형제급난도」에는 월간과 창석의 일화가 고스란히 담겨 있다.

먼저 하단에는 왜적과 깃발이 보인다. 창석이 적의 수중에

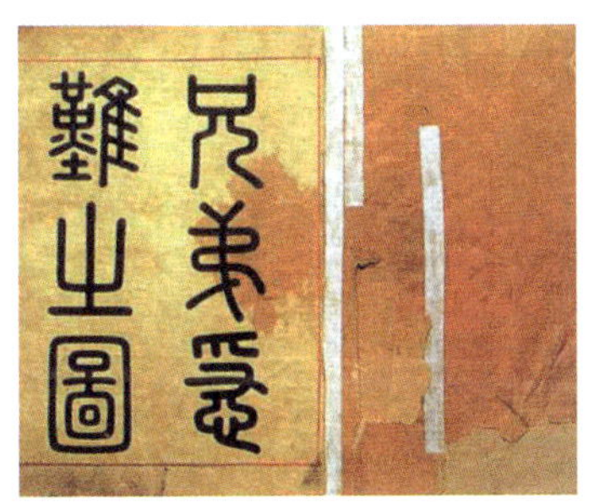

「형제급난도」 표지(한국국학진흥원)

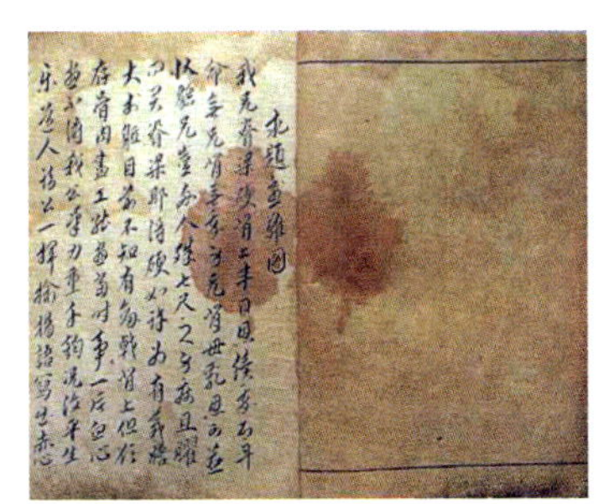

「형제급난도」 첫 면(한국국학진흥원)

서 완전히 빠져나와 산 정상에서 봤던 모습이다. 중앙의 오른쪽에는 처음으로 적의 포위망을 뚫고 나오는 장면이 있는데, 이때 창석이 급성위장염으로 쓰러져 월간이 업고 탈출하는 장면이 있다. 다시 시선을 왼쪽으로 돌리면 왜적 둘이 칼을 들고 위협하자 월간이 시위를 당겨 맞서고 있으며 창석은 그 옆에 쓰러져 있는 모습이 있다. 다시 시선을 위로 들면 왜적을 기세로 누른 뒤에 월간이 창석을 업고 가파른 산을 올라가는 장면이 있고, 그 위에는 적에게 완전히 빠져나와 산 정상에서 안도의 한숨을 쉬고 있는 모습이 고스란히 담겨 있다.

적의 위험에서 월간의 도움으로 목숨을 건진 창석은 언제나 이를 잊지 않고 있다가 연경의 화공에게 이 그림을 그리게 하였다. 창석은 이에 그치지 않고 다시 5년 뒤인 1609년(광해군 1)에 당대의 내로라하는 인사들에게 이를 기념하는 시문을 청하였다.

당대의 문사들에게 청할 뿐만 아니라 그는「제형제급난도쌍운題兄弟急難圖雙韻」,「구제급난도求題急難圖」라는 시를 지어서 월간의 행적을 추숭하였고,「형제급난도」의 서문에 해당하는「형제급난도서兄弟急難圖序」를 직접 지었다. 창석은 1609년에 쓴 서문에서 다음과 같이 말했다.

> 형제란 형체는 다르나 같은 기운을 타고 났기에 죽거나 살거나 괴롭거나 즐겁거나 언제나 함께하는 자들이니, 이것은 자연스러운 하늘의 이치이다. 그러나 세교世教가 행해지지 않으면서 백성들은 양심을 잃어 자그마한 이해에 너와 나의 구분이 생기게 되었다. 하물며 큰 환란에 처하고 시퍼런 칼날을 만나 만 번에 한 번 살아날까 말까 한 상황에서 서로 구제하는 일을 바랄 수 있겠는가. 옛날의 역사책에도 적을 만나 목숨을 다툴 때에 형제의 은혜를 다한 자는 강굉姜肱·조효趙孝 등 몇 사람에 불과하였다. 그리고 오늘날에는 우리 형님만이 이에 해당한다.…… 칼날을 보고도 피하지 않은 것은 용기요, 적들에게 굴하지 않고 호통을 친 것은 충성이요, 골육의 은혜를 생각하여 한순간에도 저버리지 않은 것은 의리이다. 한 번에 세 가지의 선행을 갖추었으니 충분히 이를 기록할 만하도다.

강굉은 후한後漢 때의 사람으로, 두 아우인 중해仲海·계강季

江과 우애가 돈독하여 큰 이불과 긴 베개를 만들어서 항상 한 이불을 덮고 잤던 인물이다. 조효 역시 후한 때의 사람인데, 동생인 조례趙禮가 도적들에게 잡혀가자 스스로를 포박하여 적들에게 나아가서 "동생은 오랫동안 굶주렸으니 살진 나를 잡아먹으라"라고 하자 이에 감명을 받은 도적들이 이들 형제를 풀어 주었다는 고사가 있다. 창석은 월간을 이 두 사람에게 비유한 것도 모자라 용기와 충성과 의리를 모두 갖춘 분으로 칭송하였다. 이것은 단순히 형님에게 예의를 차리느라 하는 말이 아니라 그가 겪었던 체험을 통해 진심에서 우러나온 말이었다.

창석은 「형제급난도」에 시문을 청하기 한 해 전인 1608년(선조 41)에 월간의 행적을 기록한 「가형행적家兄行蹟」을 지었다. 이에 의하면 월간이 창석을 구한 것은 왜적의 수중만이 아니었다. 1588년(선조 21, 창석 29세)에 창석이 전염병에 걸렸는데, 부모가 월간에게 빨리 피하라고 하였다. 그러나 월간은 "형제는 수족으로 보호해야 하는 친함이 있는데 어찌 동생을 버리고 혼자 피하겠습니까?" 라고 말하고는 끝까지 창석을 간호하였다. 이 덕분에 창석은 전염병에서 치유되었고, 월간 역시 아무런 해가 없었다고 한다. 창석을 돌보는 월간의 사랑이 평소에도 여전하였음을 알 수 있다.

일찍이 계곡谿谷 장유張維(1587~1638)는 다음과 같이 월간과 창석의 미담을 노래했다.

천지에 온통 칼날이 번득일 때 兵戈滿天地
원습을 막론하고 그 비참함 말로 하랴 原隰足傷悲
먼저 죽으려 함은 예로부터의 미담이나 爭死古稱美
둘 다 온전함 얻은 것은 참으로 특이한 일 雙全良獨奇
기러기 날아가듯 항상 붙어 다니면서 雁行無斷絶
꽃봉오리 활짝 피듯 형제 모두 영달했네 花萼重榮滋
인륜이 이로써 중하게 되었나니 解使民彛重
이 화폭에 전해질 시 또 얼마나 많겠는가 新圖幾首詩

장유의 마지막 구절을 증명이라도 하듯이 「형제급난도」에 글을 남긴 분들이 많고, 또 이들의 이력도 대단하였다. 「형제급난도」는 1604년에 만들어졌지만, 1609년부터 창석이 당대의 유명 인사들에게 시문을 청하였고 이들의 시문을 덧붙여 월간의 현손인 이증록李增祿이 이를 1652년 목판으로 간행한다.

여기에 참여한 이들은 이호민李好閔(1553~1634), 차천로車天輅(1556~1615), 손기양孫起陽(1559~1617), 이수광李睟光(1563~1628), 이안눌李安訥(1571~1637), 류근柳根(1549~1627), 정백창鄭百昌(1588~1635), 신흠申欽(1566~1628), 이민구李敏求(1589~1670), 김시국金蓍國(?~?), 이식李植(1584~1647), 한준겸韓浚謙(1557~1627), 장유張維, 정경세鄭經世, 윤방尹昉, 조희일趙希逸(1575~1638), 김상용金尙容, 이성래李聖來(?~?), 전식全湜, 전극항全克恒(?~?), 최현崔晛(1563~1640), 류항柳恒(1574~1647), 이

춘원李春元(1571~1634), 조경趙絅, 이경석李景奭(1595~1671), 홍여하洪汝河(1621~1678) 등 26명이다. 다른 것은 차치하더라도 26명 중에 시호諡號를 받은 사람이 14명이라는 점만으로도 「형제급난도」가 당대에 어느 정도의 파급력을 가졌는지를 알 수 있다.

우리나라에도 형제애와 관련된 일화는 많다. 익히 들은 이야기를 하나 해 보자. 고려 공민왕 때에 형제가 길을 가다가 동생이 황금 두 덩이를 얻어서 형제가 각각 하나씩 가지게 되었다. 그런데 강을 건너던 도중 동생이 갑자기 가지고 있던 황금을 강물에 던졌다. 형이 그 이유를 묻자, 동생은 "평소 형님을 존경하였는데, 황금을 얻자 형을 미워하는 마음이 생겼습니다. 황금은 상서롭지 못한 물건이니 강물에 던지는 것이 낫지 않겠습니까"라고 말하였다. 이 말을 들은 형 역시 강물에 황금을 던졌다는 일화이다. 이것은 이조년李兆年과 이억년李億年의 형제애를 전해 주는 미담인데, 월간과 창석과의 형제애가 어찌 이에 미치지 못하겠는가. 따라서 이 형제애는 당대의 유명 인사들에게만 회자되는 이야기가 아니라 오늘날 우리에게 시사하는 점이 많고, 또 길이 후세에 남겨 줄 선조들의 훌륭한 유산인 것이다.

창석이 월간의 우애를 기리기 위해 그린 「형제급난도」는 당대뿐만 아니라 후대에도 형제애의 상징이 되었다. 그런데 하나 더 흥미로운 사실은 창석과 월간 형제의 우애를 보여 주는 그림이 「형제급난도」에만 그치지 않았다는 점이다. 1635년(인조 13)의 일이다. 이때 창석은 76세였고, 월간은 78세였다. 사실 이해는 월간에게 좋은 기억으로 남지 않을 해이다. 1월에는 제자뻘인 수암 류진이 졸하였고, 5월에는 벗인 남계 강응철이 졸하였으며, 6월에는 창석이 졸하였기 때문이다. 그러나 이것은 나중의 일이고 3월 7일로 돌아가 보자.

3월 6일은 창석의 생일인데, 당일에 수연壽宴이 열렸고 다음 날에 다시 술자리가 마련되었다. 월간과 창석 형제가 참석하고 주변의 빈객들이 자리에 가득하여 분위기가 매우 화기애애하였다. 그때에 이날을 기념하기 위해 화공을 불러 그림을 그리게 하고는 「형제상회도兄弟相會圖」라 이름을 붙였다. 이 술자리를 마련한 것은 누구이며, 그림을 그리도록 시킨 것은 누구인지 정확하지 않다. 그리고 이 그림이 현재 남아 있는지도 알 수 없다. 다만 이 기록이 월간 연보에 짤막하게 기록되어 있어 이 모임을 주선한 것이 월간이 아닐까 조심스럽게 추측할 수밖에 없다.

「형제상회도」라는 것이 무엇인가. 형제가 함께 모여 즐거워하는 풍경을 그린 그림이 아닌가. 창석이 월간보다 일찍 돌아가셨다고는 하나 두 분 다 장수하였다 할 수 있다. 그리고 이 수복壽福을 누리면서도 두 분의 우애는 죽는 그날까지 조금도 변치 않았음을 보여 주는 것이 바로 이 그림이 아니겠는가. 게다가 지금까지도 여전히 우리에게 두 분의 돈독한 형제애를 전해 주는 것이 바로 이 그림이 아니겠는가. 창석은 「형제상회도」를 영원히 기념하기 위해 「상회도찬相會圖讚」을 지었는데, 마지막 부분을 소개함으로써 형을 기리는 창석의 마음을 조금이나마 보고자 한다.

형님에게 나는	曰我於兄
형제 되기에 부끄럽도다	實愧壁聯
형님은 맑음이 물과 같고	其清如水
곧음은 악기의 현과 같다네	其直如絃
몸은 초야에 있었으나	身居草澤
기세는 하늘을 찔렀지	氣衝星躔
오직 도만을 추구하였으니	惟道是求
어찌 외물에 흔들릴쏘냐	因物敢遷
가정의 즐거움은	家庭之樂
백세에 전할 만하도다	百世可傳
그림 속의 모습 엄연하니	圖像儼然
이공린李公麟[1]이 그린 것 같네	出自龍眠
이 그림을 보는 자는	觀此圖者
감흥이 무한정일 것이로다	興感油然
집안의 온갖 상서로움은	家之百祥
마음에서 생겨나니	皆産心田
이 좋은 일을 닮는다면	式穀似之
경사가 면면히 이어지리라	其慶綿綿

2. 집안의 화목이 대대로 이어지다

월간과 창석의 각별한 우애는 「형제급난도」나 「형제상회도」를 통해서 충분히 짐작할 수 있지만, 창석 집안의 우애는 연원도 깊고 또 대대로 이어지고 있다는 점이 더욱 의의가 있다. 실제로 월간과 창석의 후손들은 지금까지도 근처에 살면서 제사도 함께 모시고 집안의 현안도 함께 상의하면서 모든 대소사를 함께 처리하는 전통을 계승하고 있다.

> 공은 사람됨이 진솔하고 화락하여 털끝만큼도 가식적으로 꾸미는 것이 없었다. 젊은 나이에 아버지를 잃었는데, 어머니를 받들어 모심에 있어서는 마음을 기쁘게 하는 도리를 다하였

고, 일곱이나 되는 동생들을 어루만져 기름에 있어서는 때를 놓치지 않고 혼인을 시켰다. 여러 동생들이 자신의 몸을 검속하지 않을 경우에는 정성스러운 뜻으로 가르치고 이끌었으며, 욕을 하거나 꾸짖지 않았다. 다른 사람을 대함에 있어서는 화락하면서도 공손하여 무도無道한 자에 대해 보복하지 않았으며, 궁핍한 자를 보면 자신의 재물을 덜어 돌보아 주었다.

위의 글은 정경세가 지은 월간과 창석의 부친 이수인李守仁의 묘갈명의 일부분이다. 월간과 창석의 지기였던 정경세는 성심을 다해 어머니를 모시며 일곱 동생을 혼인시키고 가난한 자들을 돌보아 주던 이수인의 평소 행적을 누구보다도 익히 알고 있었기에 이를 묘갈명에 고스란히 기술하였다. 특히 이수인이 8남매의 맏이로서 동생들이 성가成家하도록 물심양면으로 도운 사실은 월간과 창석의 우애가 어디에서 유래하였는지도 짐작하게 한다. 창석은 선친의 행장行狀에서 "효성과 우애는 타고나신 분이다"라고 하였는데, 이는 빈말이 아니라고 하겠다.

화목을 강조하고 이를 실천한 이수인의 행적은 여기에서 그치는 것만이 아니었다. 이수인은 언젠가 자식들에게 "부부가 화목한 이후에야 집안의 도가 이루어진다. 네 부모가 40년 동안 정답게 살면서 어떤 일에서도 삐걱거리지 않은 것을 너희들은 알아야 할 것이다. 그러나 이것 역시 네 어머니의 덕행이 곧고 온순했기 때문에 가능한 일이었다"라고 말하였다고 한다. 부부의 금실은 물론이거니와 집안이 화목하게 된 것은 아내의 덕행 때문이라 하여 그 공로를 오로지 아내에게 돌릴 정도로 이수인은 아내를 존경하고 사랑한 분이었다. 곧 월간과 창석의 우애가 남달랐던 것은 평소 선친의 행동을 자연스럽게 접하면서 배웠기 때문에 가능하였던 것이다.

월간과 창석의 형제애를 언급할 때에 월간의 '내리사랑'을 말하지 않을 수 없다. 월간이 왜적의 손아귀에서 창석을 구한 것은 굳이 말할 것도 없고, 창석이 졸한 후에도 월간의 사랑은 여전하였다. 월간은 여든 살이던 1637년(인조 15)에 체화당棣華堂에서 창석이 팔폭병풍에 맞춰 쓴 「병시팔편屛詩八篇」이라는 시에 각 편마다 해설을 덧붙이고 "말의 뜻이 절실하고 성실한 뜻이 간절하여 마음을 다스리고 자신을 수양하는 요체이며, 세상에 처하고 사물을 대하는 방략이다. 명백하고 두루 갖추어져 빠뜨린 것이 없으니, 참으로 학문에 침잠하는 비결이요 집안을 발전시키는 큰 법이다"라고 하여 자질子姪이 날마다 익히고 착실하게 실천하라고 할 정도였다.

하지만 난형난제難兄難弟라는 말이 있지 않던가. 창석이 월간을 공경한 것 역시 월간의 사랑에 못지않았다. 1632년(인조 10, 창석 73세) 때의 일을 잠시 살펴보자. 이해 가을에 월간이 창석에게 편지를 보냈는데, 편지의 내용이 매우 좋아서 이 편지를 읽는 사람마다 찬탄을 금치 못했다. 그래서 창석은 항상 볼 수 있도록 이 편지를 부채에다 붙여서 가지고 다녔다. 창석이 가지고 다니는 부채의 내용을 본 장유張維는 월간의 학식과 기운이 옛사람에게 전혀 손색이 없다고 칭찬할 정도였다. 또 이해 겨울에는 월간이 '요즘의 세상 인정이 예측하기 어려우니 항상 말을 조심하라' 며 명나라의 학자 설선薛瑄(1389~1464)이 지은 「근언잠謹言箴」과 주희朱熹(1130~1200)의 말을 편지에 써서 보냈다. 이 당시 창석은 한양에 있었는데, 월간이 장중하고 근엄한 뜻으로 보낸 편지의 원본을 잃어버릴까 싶어 이 편지를 한 부 베껴 두기까지 하였다.

이처럼 월간과 창석은 한 사람이 쓰면 한 사람이 후기後記를 남기는 일을 평생토록 이어 갔다. 언젠가 월간은 술의 폐해에 대해 창석에게 편지를 보낸 적이 있다. 대여섯 명의 경박한 자들이 무리 지어 다니면서 술주정을 부려 지역의 큰 골칫거리였는데, 심지어 이들은 부형父兄에게 함부로 하고 장로長老들을 욕보이기까지 하였다. 당시에 정경세가 상주에 있었지만 몸이 아파서 거동을 하지 못하였고, 월간도 자신의 역량으로는 이들을 도저히 제어할 수 없음이 안타깝다는 내용이었다. 창석은 월간의 고민을 함께하면서도 훗날 상주에 내려가면 반드시 월간의 편지를 대중들에게 읽어 보이겠다며 월간의 편지를 끝부분에 첨부해 두었다.(월간의 편지는 현재 『월간집』에는 없고 『창석집』에만 남아 있다.)

이황李滉의 학통을 계승한 제자들은 이황이 주희의 편지글을 엮은 『주자서절요朱子書節要』를 매우 중시하여 수시로 이를 강론하고 학습하였다. 류성룡을 통해 이황의 학통을 이은 월간 역시 주희의 편지글에서 절실한 것들을 모아서 『중류일호中流一壺』·『성학요결聖學要訣』 등을 엮었는데, 창석은 이 책들의 발문跋文을 지어 월간의 업적을 기리는 동시에 자신의 인생을 영위할 준칙으로 삼았다. 또 창석이 삼척부사로 있던 때에는 월간이 『분통잡결分痛雜訣』을 엮어 보내 주었고, 창석은 이를 기리기 위해 『분통잡결』의 발문을 지었다. 『분통잡결』은 고통을 완화시키는 잡다한 비결이라는 뜻이다. 이 책은 창석이 삼척이라는 타지에서 혹시나 병에 걸려 고생하지 않을까 염려하여 평소 창석이 앓던 병을 고려하여 여러 의서에서 월간이 몸소 처방전을 찾아내어 엮은 것이다.

영원할 것 같던 월간과 창석의 '따로 또 같이'의 삶. 하지만 창석이 먼저 76세의 일기로 졸하자 월간의 심정이 어떠했겠는가. 동생을 먼저 보내는 형의 심정, 애통함은 이루 말할 수 없었으리라. 월간은 창석을 애도하는 제문에서 꿈인지 생시인지를 의심하다가 결국 꿈이 아니라는 사실을 알고는 참담한 심정을 이렇게 토로했다. 더 이상 만날 수 없는 창석을 애타게 부르며 목 놓아 울었다.

오호통재라! 자네가 죽다니 참인가 꿈인가. 내가 가도 문을 열고 맞이하는 것을 보지 못하고 내가 돌아와도 섬돌을 내려와 배웅하는 것을 보지 못하겠구나. 눈으로는 더 이상 온화한 낯빛을 보지 못하고, 귀로는 더 이상 웃고 말하는 소리를 듣지 못하겠구나. 이와 같다면 죽은 것이 과연 맞구나. 꿈이 아니구나. 오호애재라! 자네가 죽은 지 3개월이 지나 장례일이 다가왔다네. 나와 자네 아들들은 이번 달에 대현大峴의 동쪽 기슭 유향酉向의 언덕에 갓과 신발을 묻을 계획일세. 풍수가의 말로는 몹시 길하고 해로움이 없다 하네만, 자네의 뜻에 흡족하지 않을까 두렵구려.

창석이 졸한 뒤에 월간은 선현들이 남긴 가훈을 본받아 자질子姪에게 먼 후세까지 집안에서 화목하고 형제간에 우애를 나시라는 의미로 긴 가훈을 남긴다. 이것은 월간과 창석의 후손들이 지금도 유지하고 있는 덕목들이지만, 월간과 창석 집안에만 한정되는 일은 아닐 것이다. 집안의 화목을 유지하고 형제간의 우애를 다지려는 모든 사람이 본받아 계승해야 할 덕목들일 것이다. 월간이 남긴 가훈은 현재에도 여전히 유효한 덕목들이기에 아래에 몇 가지를 소개하고자 한다. 누구라도 이를 실천한다면 아마도 우리 사회는 한층 따뜻해질 것이다.

숙질叔姪간의 친함은 부자간의 친함과 다르지 않다. 그러니 백부 또는 숙부라고 부른다면 마땅히 부모처럼 섬기도록 하라.…… 사촌 간에도 마땅히 은의를 도탑게 하여 친형제와 다르지 않도록 하라.

내가 가문이 성대하고 자손이 출세한 자들을 보니, 모두 조상들의 효우孝友한 행실과 충후한 은택에서 비롯되었더라. 뿌리를 북돋우면 가지와 잎이 저절로 무성해지는 것은 필연적인 이치이니라.

너희들이 효경孝敬과 우애를 지성至誠에서 낸다면 비록 옛사람이라 하더라도 이보다 낫지는 않을 것이다. 너희 자손들 역시 이를 배워서 대대로 바꾸지 말지어다.

1) 李公麟(1049~1106)은 중국 북송시대의 화가로, 자는 伯時, 호는 龍眠居士이다. 글씨와 그림에 모두 능하였고, 특히 인물화에 뛰어났다고 한다.

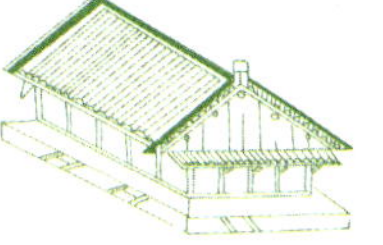

제4장 종가의 문화공간

병성천을 건너 조금 가다 보면 아담하게 자리 잡은 창석종가를 만나게 된다. 그러나 번듯하게 올라간 기와에 고색창연한 기둥들이 세월의 풍상을 알려주는 옛 가옥과는 거리가 멀다. 그저 시골에 가면 만날 수 있는 집에 불과하다. 으레 종가라 하면 떠오르는 기대감에 미치지 못하지만, 그렇다고 성급하게 실망할 필요는 없다.

예로부터 내려오던 창석종가는 지금의 종가 바로 뒤에 있었다. 하지만 백여 년 전에 화재로 소실되었고, 이 때문에 원래의 위치보다 조금 앞에다 현재의 종가를 지었다고 한다. 현재의 종가로는 예전의 모습을 상상할 수 없지만, 골목길을 따라 뒤쪽으로 올라가 창석사당에 서면 예전 고택의 규모와 주변의 풍광을 어느 정도 짐작할 수 있다.

1. 창석을 모신 사당

창석을 모신 창석사당蒼石祠堂은 상주시 청리면 가천리 650번지에 위치하고 있는데, 지금의 종가 뒤쪽에 자리 잡고 있다. 1986년 12월 11일 경상북도문화재자료 제178-2호로 지정되었다. 기단은 직육면체의 장대석으로 쌓았고, 원형으로 다듬은 주춧돌 위에 원기둥을 세웠다. 지붕은 맞배지붕에 겹처마로 되어 있으며, 건축 면적은 21.33㎡이다. 양측면의 박공면에는 비바람에 의한 부식을 막기 위해 풍판風板을 달았다.

창석사당은 원래 창석의 형 월간을 모시는 사당인 월간사당과 함께 1656년(효종 7)에 다른 곳에 세웠다. 그러다가 1771년(영조 47)에 지금의 체화당棣華堂이 있는 곳으로 옮겼고, 다시 현재의 위

창석사당과 체화당(네이버)

치로 옮겼다. 창석종가가 소실되고 다시 지어지긴 했지만, 사당은 원래 주거공간 뒤쪽에 위치하는 것이 일반적인 만큼 후대에 이를 고려하여 현재의 위치로 옮긴 것이 아닌가 생각된다.

창석사당은 몇 차례 옮기는 과정을 거치는 동안 느슨해진 기단도 수리하고 부식이 심한 박공도 말끔하게 수리했지만, 창석사당 자체에 큰 변화가 있지는 않다. 다만 주변에 있는 부속건물의 구조가 크게 바뀌었는데, 특히 대문채는 하나로 있던 것이 지금은 분리되어 두 개의 건축물로 이루어져 있다. 대문채는 본래 정면 5칸 건물이었다. 왼쪽에서부터 문간방, 대문간, 고방庫房, 방, 부엌의 순으로 되어 있었고, 대문간은 앞쪽을 흙벽으로 막고 고방은 앞쪽을 개방하여 마루로 개조하였다. 하지만 지금은 대문간과 나머지 부분이 분리되어 있다. 대문간을 들어서면 오른쪽에 분리된 대문채가 남아 있는데, 왼쪽에서부터 고방, 방, 방, 부엌 순으로 되어 있다. 대문채의 원형은 월간이 기거했던 체화당棣華堂에 가면 확인할 수 있다.

사당의 경우, 역대 임금의 위패를 모셔 놓고 제사를 올리는 곳은 종묘宗廟, 공자를 비롯한 유명한 학자들의 위패를 모셔 놓고 제사를 올리는 곳은 문묘文廟, 일반 가정에서 고조高祖 이하의 조상의 위패를 모셔 놓고 제사를 올리는 곳은 가묘家廟라고 한다. 그리고 가묘는 살림집의 뒤나 옆에 별도의 건물을 지어서 조상을 추모하는 것이 일반적이다.

창석사당은 대문을 열고 들어가면 살림집이 아니라 중앙에 마루를 깔고 좌우에는 방으로 구성된 건물이 나온다. 편액이 없어 건물의 명칭을 무엇이라 불러야 할지 모르겠지만, 이런 구조로 된 건물은 주거공간이 아니라 학생들을 가르치는 강학 건물이다. 그리고 앞에 강학 건물이 있고 뒤에 사당이 위치한 구조는 주로 서원書院에서 흔히 볼 수 있는 구조인데, 어떤 경위로 이런 구조가 되었는지는 정확하게 알 수 없다. 아울러 체화당도 체화당

창석사당

창석사당 강당

창석사당 대문채

창석사당 대문간

뒤에 월간사당이 있는 구조로 되어 있는데, 창석사당 역시 체화당의 구조를 준용하였기 때문에 현재의 구조가 되지 않았나 추측해 볼 수 있다. 창석사당 및 부속건물은 여러모로 월간이 만년에 거처하던 체화당과 월간을 모신 월간사당의 구조와 비슷한데, 형제의 우애가 건물에도 고스란히 배어 있는 듯하다.

2. 우애의 상징 체화당

체화당棣華堂은 월간의 셋째 아들인 이신규李身圭가 1632년(인조 10) 9월에 유천酉川(지금의 달내)의 영석동永錫洞에 지은 것이다. 월간은 집이 다 지어지자 손수 '체화棣華'라는 편액을 걸었고 만년에 늘 이곳에 거처하면서 후학을 가르쳤다.

체화라는 말은 원래 『시경詩經』의 「상체常棣」편에서 유래한 말이다.

아가위의 꽃이여	常棣之華
꽃받침이 화사하지 않은가	鄂不韡韡
무릇 지금 사람들 중에는	凡今之人

체화당 대문채

체화당

형제만 한 이가 없느니라 莫如兄弟

화사한 아가위 꽃처럼 세상에서 가장 소중한 사람은 바로 형제라는 뜻으로, 월간이 창석과의 무한한 우애를 '체화'라는 두 글자에 담아 표현한 말이다. 체화당을 지을 당시 월간은 75세였고 창석은 73세였다. 전란 속에서도 꺾이지 않던 월간과 창석의 형제애가 만년에 들어서도 전혀 변치 않았음을 볼 수 있다.

체화당은 동네 어귀를 들어가면 한눈에 보일 정도로 웅장하다. 약간 오르막에 자리 잡고 있기 때문에 처음에는 대문채밖에 보이지 않는다. 창석사당의 대문채가 분리되어 있던 것에 비해 체화당의 대문채는 원래의 모습을 그대로 보존하고 있다. 밖에서 보면 왼쪽에서부터 문간방, 대문간, 고방庫房, 빙, 부엌의 순으로 되어 있었고, 대문간은 앞쪽을 흙벽으로 막고 고방은 앞쪽을

체화당 편액(한국국학진흥원)

개방하여 마루로 개조하였다. 대문채는 행랑行廊, 행랑채, 문간채로도 불리며 하인들이 거처하는 공간이다.

대문채를 들어서면 늠름하고 당당하게 서 있는 건물을 만나는데, 이것이 체화당이다. 체화당이 이렇게 늠름하게 보이는 것은 기단이 높기 때문이다. 체화당은 정면 4칸이며, 측면 2칸 반의 팔작지붕이다. 양쪽에는 방이 있고 중앙에는 마루가 있다. 월간이 만년에 이곳에 기거했기 때문에 주거공간이라 할 수 있지만, 주거공간이라기보다 서원에서 흔히 볼 수 있는 강학공간에 가깝다. 월간은 틈이 나는 대로 이곳에 머물며 집필과 교육을 병행하였다고 한다.

창석은 「병시팔편屛詩八篇」, 즉 팔폭병풍에 맞춘 여덟 편의 시 「책을 읽다」(讀書), 「몸가짐을 바로하다」(敬身), 「마음을 다잡다」(操心), 「말을 삼가다」(愼言), 「분노를 억제하다」(制忿), 「비방을 그치게 하다」(弭謗), 「집안을 바로잡다」(正家), 「이웃과 화목하게 지내다」(睦隣)를 지었는데, 월간은 여든 살이던 1637년(인조 15)에 체화당에서 창석의 시를 옮겨 적고 또 그 아래에 해설을 덧붙이기도 하였다.

체화당을 뒤로 돌아가면 월간사당이 있다. 이 사당 역시 창석사당과 함께 1656년(효종 7)에 다른 곳에 창건된 것을 1771년(영조 47)에 현재의 위치로 이건하였다. 사당은 현재도 사용 중인데, 2012년 동지 차례를 지낼 때에 제관祭官의 업무를 나누던 제관분

월간사당

월간사당의 제관분정

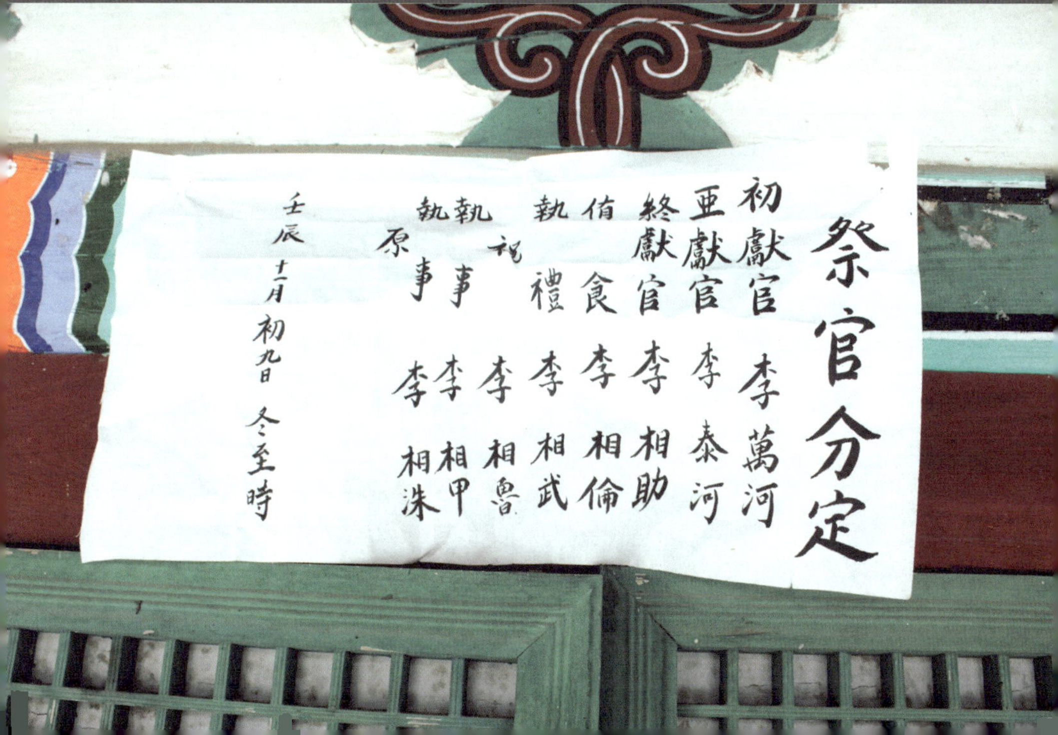

祭官分定

初獻官 李萬河

亞獻官 李泰河

終獻官 李相助

侑食 李相倫

執禮 李相武

祝 李相魯

執事 李相甲

執事 原 李相洙

壬辰 十一月 初九日 冬至時

정祭官分定 현황이 아직도 고스란히 붙어 있다.

이처럼 유서 깊은 체화당은 대문채, 월간사당과 함께 1986년 12월 11일 경상북도문화재자료 178-1호로 지정되었다.

3. 창석을 배향하는 옥성서원

옥성서원玉成書院은 신잠申潛(1491~1554)이 상주목사로 부임하여 세운 18개의 서당 중의 하나인 수양서당首陽書堂이 그 모태이다. 처음에는 외남면 구서리 옥봉玉峰 아래에 위치하였다. 1630년 창석 등이 주도하여 서원으로 승원하자는 논의를 하였고, 1633년에 서원으로 승격되자 난계蘭溪 김득배金得培(1312~1362)와 신잠을 배향하였다.

김득배는 고려 후기에 활동하였는데, 상주를 대표하는 인물이다. 그는 홍건적이 압록강을 건너 의주를 함락하자 정주靜州의 도지휘사가 되어 서북면도원수 이암李嵒 · 부원수 경복흥慶復興과 더불어 적에 대비하고, 안우安祐 · 이방실李芳實 등과 함께 분전하

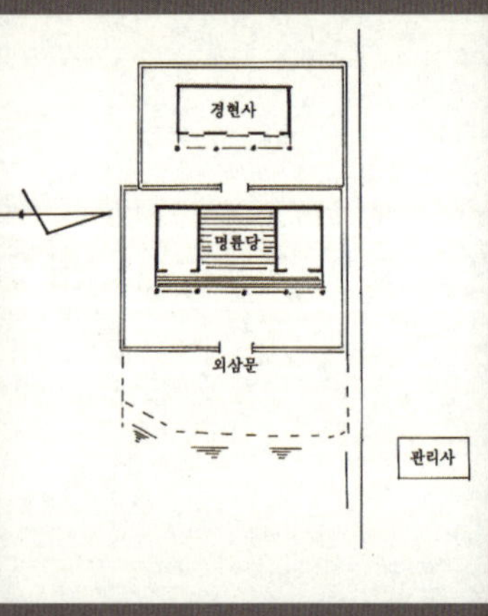

◀(위) 옥성서원 출입문

◀(아래) 옥성서원의 담(한국국학진흥원)

▲ 옥성서원 배치도(한국국학진흥원)

玉成書院

明倫堂

여 평양을 탈환하고 압록강 밖으로 적을 격퇴시켰다. 1392년(태조 1)에 상락군商洛君으로 추봉되고, 문충文忠이란 시호를 받았다.

신잠은 신숙주申叔舟(1417~1475)의 증손자이자 신종호申從濩(1456~1497)의 아들이다. 1519년(중종 14) 현량과賢良科에 급제하였고, 상주목사로 부임하여 상주의 교육 환경을 크게 개선하다가 재임 중에 사망하였으며, 상주에서의 치적이 길이 남는 인물이다. 문장에 능하고 서화를 잘하여 삼절三絶로 일컬어졌으며, 특히 묵죽墨竹에 뛰어났다고 한다.

1636년(인조 14) 가을에 상주향교에서 후계后溪 김범金範(1512~1566)을 추향하자는 논의가 있었으나, 결론을 내지 못하다가 1647년(인조 25) 김범과 창석蒼石 이준李埈(1560~1635)을 추배하여 네 분을 모신 서원이 되었다. 하지만 1648년 대홍수로 옥봉이 산사태로 무너져 서원이 묻히게 되자 위패를 수선서당으로 모시다가, 1710년(숙종 36) 현재의 자리인 외남면 신상리 진등 마루에 새롭게 건물을 지어 서원을 복원하였다. 이때에 월간月澗 이전李坱(1558~1648)을 추배하였다. 1871년(고종 8) 대원군의 훼철령으로 훼철되었으나 1977년 사림의 중론에 의해 복원되었다. 옥성서원은 지역의 현안 문제를 협의하는 장소로 가장 많이 이용되었으며, 회합의 결과물인 결정 통문通文이 가장 많이 작성된 서원이다.

옥성서원은 1977년에 복원되었기 때문에 고풍스러운 느낌은 없지만, 지금까지도 보존에 신경을 써서 깔끔하고 단정한 느

▲ 옥성서원 편액
◀ 옥성서원 명륜당 내부(한국국학진흥원)

낌을 준다. 문을 열고 들어서면 명륜당明倫堂이 나오는데 정면 4칸, 측면 2칸의 팔작지붕 건물이다. 정면 가운데에 옥성서원이란 편액이 걸려 있고, 마루 안쪽에 명륜당이라는 편액이 걸려 있다. 기록에 의하면, 옥성서원의 편액은 신잠이 직접 썼다고 하나 1648년의 홍수 때문에 유실되었고, 지금 볼 수 있는 것은 근래에 만들어진 것이다. 옥성서원은 여느 강학 공간처럼 좌우 양쪽에 방이 있고 중앙에 마루로 된 강당이 위치하고 있다.

옥성서원 경현사

옥성서원 경현사 내부

경현사 편액

명륜당을 뒤로 돌아 내삼문을 통과하면 경현사景賢祠가 나오는데, 경현景賢은 훌륭한 현인이라는 뜻으로, 경현사는 이들을 모시는 사당이라는 말이다. 경현사는 정면 3칸, 측면 1칸의 맞배지붕이다. 깔끔하게 손질된 화강암으로 기단과 계단을 설치하였다. 정면에 보이는 신문神門과 좌우에 있는 문은 모두 널문으로 되어 있다. 사당 안에는 왼쪽부터 난계 김득배, 영천 신잠, 후계 김범, 월간 이전, 창석 이준 선생의 위패가 봉안되어 있다. 봄가을 중 봄에만 제사를 올리는데 춘기향례春期享禮 음력 3월 15일이다.

4. 백성을 아꼈던 존애원

청리면 율리에 있는 존애원存愛院[1]은 1602년(선조 35)에 정경세, 청죽 성람, 창석 이준 등 상주의 선비들이 중심이 되어 13개 문중이 계를 모아 설치 운영한 전국 최초의 사설 의료기관이다. 존애存愛라는 말은 존심애물存心愛物, 마음을 보존하고 사물을 사랑한다는 뜻이다. 중국 송나라 유학자인 정이程頤(1033~1107)의 말에서 따온 것으로, 원래는 존애당이라고 하였으나 나중에 존애원으로 고쳤다고 한다.

창석은 존애원을 지은 취지와 연원 등을 기록한 「존애원기存愛院記」를 지었는데, 이에 의하면 1599년(선조 32) 가을에 정경세가 파직되어 집으로 돌아온 뒤에 성람에게 이 일을 처음 제안하였다

정경세의 시

창석의 존애원 기문

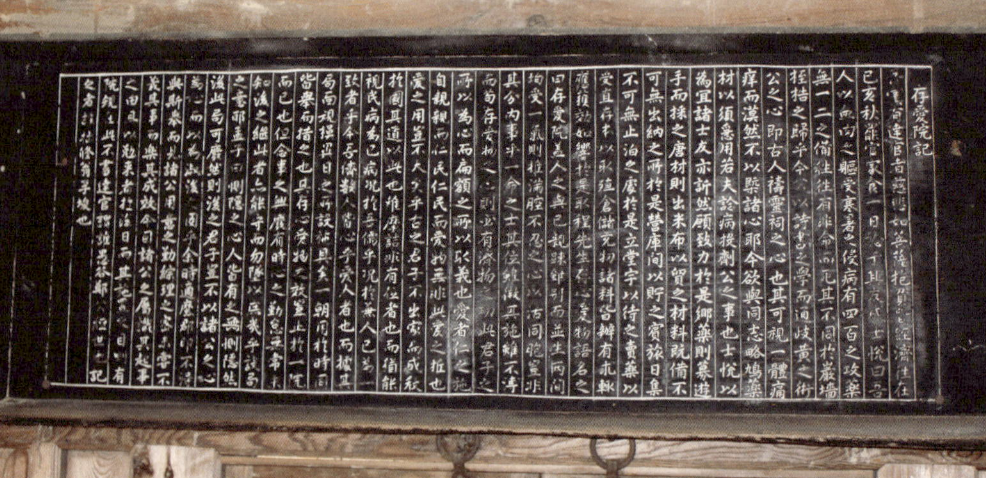

고 한다. 성람에게 이 일을 먼저 제안한 것은 성람이 의학醫學에 일가견이 있었기 때문이었다. 성람은 정경세의 의견에 적극적으로 동의하였고, 주변에 있던 유자들 중에도 이 일에 동참하려는 사람이 많았다. 창석은 이 당시 단양군수를 지내고 있었기 때문에 직접적으로 참여하지 못했지만, 물심양면으로 이 활동을 지원했던 것으로 보인다. 존애원을 설립하는 일은 치밀한 계획에 의해 착착 진행되었다. 상주에서 나는 향토 약재와 중국에서 수입하는 약재를 구입하는 과정, 이를 보관하고 관리하는 방법, 구비된 약을 활용하는 것까지 매우 체계적으로 존애원을 만들어서 운영하는 것이 서술되어 있다. 창석의 말을 참조하면서 정리하면 다음과 같다.

> 먼저 우리 땅에서 나는 약재는 한가한 사람들을 동원하여 채집하게 하였고, 중국 약재는 쌀과 베를 내어 샀다. 약재가 구비되자 이를 출납할 장소가 필요하여 창고를 지어 그곳에 보관하였다. 이 소문을 듣고 찾아오는 사람들이 나날이 모여들자 이들을 머물게 할 장소가 필요하여 집을 지어 그들을 대접하였다. 약은 값을 받고 팔았는데, 원금은 그대로 두고 이자를 가지고 약재를 구매하였다. 그러자 각종의 약재들이 창고에 가득하게 쌓이게 되었다. 이렇게 되자 약재를 찾는 사람이 있으면 바로바로 제공할 수 있게 되었다.

존애원 전경

존애원 대문

존애원 편액

존애원

예전에 유자儒者들은 관직에 진출하지 않을 때에는 수양을 통해 도를 닦았고, 관직에 진출해서는 세상을 구제하는 것을 소명으로 삼았다. 그것이 이들을 지탱하는 힘이자, 당대 및 후세에도 존경을 받는 이유이다. 존애원 역시 이에 해당한다. 존애원은 체계적으로 운영되었을 뿐만 아니라 사람을 사랑하는 유가의 이념이 구현된 것이자 왜란으로 빚어진 민심을 수습하는 취지에서 시작된 것이다.

존애원의 활동은 1602년(선조 35)에 시작되어 구한말까지 지속되었다. 하지만 이것은 각계의 도움이 없었다면 오랫동안 유지되지 못했을 것이다. 이것은 13문중이 중심이 되었던 낙사계洛社契가 밑거름이 되었다. 여기에 참여한 문중은 진주정씨晋州鄭氏, 흥양이씨興陽李氏, 여산송씨礪山宋氏, 영산김씨永山金氏, 월성손씨月城孫氏, 청주한씨淸州韓氏, 상산김씨商山金氏, 재령강씨載寧康氏, 단양우씨丹陽禹氏, 회산김씨檜山金氏, 무송윤씨茂松尹氏, 창녕성씨昌寧成氏, 전주이씨全州李氏이다. 1782년(정조 6)에 지역의 윤尹 아무개가 무고誣告하였기 때문에 잠시 활동을 멈추긴 했지만, 1797년(정조 22)부터 재개하여 400여 년간 의료활동을 시행하였다.

특히 존애원은 의료활동 외에도 지역의 고령자에게 세찬歲饌을 바치는 백수회白首會, 경서를 강독하는 강회, 시를 짓는 시회 등도 함께 개최하였다. 이를 통해 볼 때, 존애원은 단순히 의료활동에만 그치는 것이 아니라 상주지역의 미풍양속을 진작시키고 계승하는 데에도 많은 역할을 하였다. 지금은 이러한 활동이 거의 없지만, 2013년 현재 6년째 의료시술 재현행사가 개최되고 있으니 부족하나마 선현들의 정신이 끊어지지 않고 계승되고 있다고 하겠다.

대문을 열고 들어가면 정면에 존애원 건물이 보인다. 의료활동뿐만 아니라 경로잔치, 시회 등을 개최할 수 있을 정도로 널찍한 마당이 인상적이다. 마당은 2단으로 되어 있고, 두 번째 마당에 존애원이 자리 잡고 있다. 존애원은 4칸으로 되어 있는데, 좌우에 1칸짜리 온돌방이 있고 중앙에 2칸짜리 마루가 있다.

존애원은 부속건물도 없고 건물 자체가 화려하거나 웅장하지는 않지만 400여 년간 백성을 구제하고 상주의 미풍양속을 진작시킨 유자儒者들의 넉넉한 마음이 아직 곳곳에 배어 있다. 비록 당시의 존애원을 상상으로 만날 수밖에 없지만, 저절로 경외감이 들게 한다. 특히 요즘처럼 지도층에 있다는 사람들이 자신의 기득권을 지키기 위해 온갖 협잡을 자행하고 있는 것과 견준다면 백성의 생명을 존중하고 노블레스 오블리주를 실천한 선현들의 정신이 더욱 위대하기만 하다.

주

1) 정우락, 『영남을 넘어, 상주 우복 정경세 종가』(예문서원, 2013) 참조.

제5장 창석종가의 제례문화

1. 불천위제사의 절차

창석종가에서는 일 년에 열다섯 번의 크고 작은 제사를 지낸다. 4대조의 기일忌日에 지내는 기제忌祭가 총 여덟 번, 설·추석·동지·묘사墓祀가 총 네 번, 창석과 창석의 배위配位께 지내는 제사가 총 세 번이다. 2011년부터 창석과 창석의 배위인 선산문씨와 능주구씨를 합해서 제사 지내기 때문에 열세 번으로 줄었지만, 매달 제사가 한 번씩 있는 셈이다.

창석종가의 제사 중에서 여느 집안과 구별되는 제사로는 동지제사와 불천위제사가 있다.

동지는 낮의 길이가 가장 짧고 밤이 가장 긴 날로, 예전에는 한 해를 시작하는 기점으로 여겨 중요한 의식을 거행하기도 하였다. 그래서 설·단오·추석과 함께 조상을 모시는 제사를 지냈는데, 창석종가에서도 현재 동지제사를 지낸다. 동지제사는 동지차례, 동지고사冬至告祀라고도 한다. 동지제사는 월간종가와 창석종가가 함께 지내며, 월간종가에서 먼저 지낸 다음 창석종가에서 지낸다. 현재 두 집안에서는 묘사와 동지제사를 함께 지내는데, 두 집안의 후손들이 모이기 때문에 규모가 꽤 크다고 한다.

일반적으로 제사는 4대를 봉사하는데, 제주祭主의 고조부모까지 지내고 대수代數가 다한 신주는 무덤 앞에 묻는 것이 관례이다. 그런데 불천위不遷位는 말 그대로 신주 또는 위패를 옮기지 않는다는 뜻으로, 대수에 관계없이 영원히 후손들의 제수를 흠향한다. 불천위에는 나라에서 정한 국불천위國不遷位와 유림에서 발의하여 정한 유림불천위儒林不遷位 혹은 사불천위私不遷位가 있다. 때문에 불천위를 모시고 있는 문중의 입장에서 보면 조정이나 유림에서 봉사할 만한 위대한 선조를 가졌다는 영예가 주어지기 때문에 집안의 가장 큰 자랑거리이다.

창석종가의 불천위제사는 창석의 기일忌日인 음력 6월 17일에 지내는데, 기일 당일인 자정부터 진설하기 시작하여 제사를 지내고 나면 대략 1시이다. 불천위제사는 창석사당에 있는 창석과 두 부인의 위패를 모시고 와서 창석사당 앞에 있는 강당 건물에서 제사를 지낸다. 창석의 위패에는 '현 선조고 증 자헌대부 이조판서 겸 지경연 의금부 춘추관 성균관사 홍문관대제학 예문관대제학 오위도총부도총관 행 통정대부 홍문관부제학 지제교 겸 경연참찬관 춘추관수찬관 증 시문간공 부군 신주顯先祖考贈資憲大夫吏曹判書兼知經筵義禁府春秋館成均館事弘文館大提學藝文館大提學五衛都摠府都摠管行通政大夫弘文館副提學知製敎兼經筵參贊官春秋館修撰官贈諡文簡公府君神主'(원래는 한자로 쓰지만 가독성을 높이기 위해 한글을 병기했다)라고 세로로 쓰여 있다. 창석 사후에 추가된 품계와 관직, 창석 생전에 역임한 품계와 관직이 위패를 빼곡하게 채우고 있는데, 이 자체가 창석의 위상이자 종가의 영예이다. 그리고 선산문씨의 위패에는 '현 선조비 증 정부인 선산문씨 신주顯先祖妣贈貞夫人善山文氏神主', 능주구씨의 위패에는 '현 선조비 정부인 능주구씨 신주顯先祖妣貞夫人綾州具氏神主'라고 역시 세로로 쓰여 있다. 각 위패마다 왼쪽 아래에는 '효현손 준희 봉사孝玄孫埈熙奉祀'라고 쓰여 있는데, 준희埈熙는 14대 종손인 이준희를 가리킨다.

아래에서는 창석종가에서 지내는 불천위제사의 과정과 절차를 개략적으로 알아보도록 하자.

1) 제사 준비

창석종가의 불천위제사는 음력 6월 17일이지만, 제사 준비는 음력 6월 16일 저녁부터 본격적으로 시작된다. 제수 음식은 종부가 도맡아서 하는데, 아직까지 생존해 계신 종부의 시어머니께서 함께 떡과 갖은 음식을 장만해 주시고, 상주시청에 근무하는 종부의 큰며느리도 두 어른을 모시고 제수 음식을 마련한다. 제수 음식의 가짓수는 크게 줄지 않았고, 다만 제사에 참여하는 빈객들의 수가 줄었기 때문에 규모는 조금 줄었다고 한다.

불천위제사는 창석종가에서 독립적으로 주관하고 또 일가친척이 각지에 흩어져 있는 데다 제사 시간까지 늦은 밤이다 보니, 예전에 비해 참여하는 인원이 많이 줄었다. 한창 때는 30명이 넘었지만, 근래에는 10여 명 안팎일 때도 많다. 제관이 많으면 으레 제사를 지낼 때의 역할을 미리 분담하여 정하는 집사분정執事分定을 하기 마련이지만, 요즘은 제관이 적기 때문에 집사분정은 따로 하지 않는다. 당일 참례參禮하는 사람들을 중심으로 집사자를 정하는데, 처음 술을 올리는 초헌관初獻官은 수인(종손)이, 두 번째 술을 올리는 아헌관亞獻官은 집안의 어른이, 마지막으로 세 번째 술을 올리는 종헌관終獻官은 외부 빈객이 맡는다. 하지만 초헌관을 제외한 아헌관과 종헌관은 그날의 상황에 따라 달라진다고 한다.

2) 제청 마련과 진설

제사를 지내는 제청祭廳은 창석사당 앞에 있는 강당 건물에 마련한다. 한밤에 제사를 지내는데도 문화재 건물에는 원칙적으

제청 마련

로 전기 시설을 설치하지 못하기 때문에 간이식 전등을 달고 제사를 지낸다. 신주를 모시기 위해 다리가 긴 의자 형태의 교의交椅를 놓고, 교의 뒤에는 팔폭병풍을 두른다. 병풍에는 창석이 썼던 「병시팔편屛詩八篇」 8수가 한 폭에 1수씩 단정한 해서로 쓰여 있다. 이 시는 「책을 읽다」(讀書), 「몸가짐을 바로하다」(敬身), 「마음을 다잡다」(操心), 「말을 삼가다」(愼言), 「분노를 억제하다」(制忿), 「비방을 그치게 하다」(弭謗), 「집안을 바로잡다」(正家), 「이웃과 화목하게 지내다」(睦隣)인데, 일찍이 월간이 1637년(인조 15)에 체화

진설

당에서 이 시를 옮겨 적고 또 그 아래에 해설을 덧붙이기도 한 유서 깊은 시이다.

제상 위에는 오른쪽에 촛대를 놓고 제상 앞에는 향로와 향합을 얹는 고족상高足床을 두고 고족상 앞에는 퇴줏그릇을 둔다. 제청이 마련되면 제상에 음식을 진설하기 시작한다. 술은 상주지역에서 생산되는 막걸리를 사용한다.

제상은 신주에서 가까운 것을 기준으로 제1열에는 메(밥)와 국(羹)을 두는데, 창석과 창석의 배위 두 분을 함께 모시기 때문에 세 벌을 준비하고, 국은 미역국을 마련한다. 수저는 왼쪽 제기 위에 두고, 잔은 메와 국 사이에 둔다. 제2열에는 탕을 마련하는데, 탕은 모두 3탕이며, 홍합탕 · 육탕 · 북어탕을 마련한다. 일반적으로 제3열에는 도적과 편, 제4열에는 포脯와 해醢를 둔다. 그런데 창석종가에서는 제2열 오른쪽에 편을 두고, 제3열에 쌈 · 생선 · 도적 · 각종 나물 · 포를 둔다. 제4열에는 과일을 올리는데, 왼쪽부터 대추 · 밤 · 감 · 배를 진설하고 그 오른쪽으로 계절 과일인 수박 · 포도 · 참외 · 토마토 등을 올린다.

【창석종가 불천위제사 진설도】

메 잔 국　메 잔 국　메 잔 국

수저　홍합탕　육탕　북어탕　두부부침　편(떡)

쌈　생선　나물　나물　도적(육적)　나물　포

대추　밤　감　배　수박　포도　참외　토마토

3) 출주

출주出主는 신주를 사당에서 제청으로 모시고 나오는 의식이다. 진설이 끝나고 나면 초헌관인 주인과 봉독집사와 축관이

출주

사당에 가서 신주를 모셔 온다. 주인이 사당 앞에서 우선 두 번 절하고 사당에 들어가 신주의 상태를 살피는 봉심奉審을 거행하고 신주 앞에 꿇어앉으면 축관이 "이제 신주를 제청에 모셔 공경히 추모하는 마음을 펴고자 합니다"라는 의미의 출주고사出主告辭를 읽는다. 고사를 마치면 주인은 주독主櫝(신주를 모셔 넣어 두는 궤)을 가슴에 안고 제청이 마련되어 있는 강당 건물로 와서 교의에 주독을 안치한다. 그리고 주독의 문을 열고 신주를 덮고 있는 도자韜藉를 벗긴 다음 제사를 지내기 위해 제자리로 돌아간다.

4) 참신과 분향

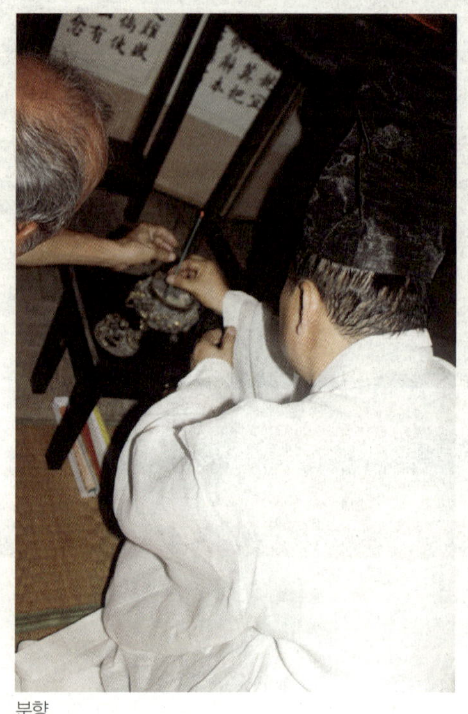

분향

신주를 제청에 모시고 나온 다음에는 신주를 향해 제사에 참여한 모든 사람이 두 번 절을 한다. 이를 참신參神이라 하는데, 후손들의 합동 인사인 셈이다. 참신을 마치고 나면 종손이 향을 사르는데 이것을 분향焚香이라 한다. 일반적으로 분향 다음에는 띠풀을 엮어 모래를 담아 놓은 모사기茅沙器에 술을 부어 하늘의 혼魂과 땅의 백魄을 결합시킴으로써 신을 불러 강림하게 하는 강신례降神禮를 행한다. 그러나 창석종가에서는 언제부터인지 모르겠으나 분향만 하고 강신은 하지 않는다고 한다.

초헌관의 재배

5) 헌작

참신과 분향이 끝나면 헌작獻爵을 행하는데, 헌작은 술잔을 올린다는 뜻이다. 헌작은 세 차례에 나누어 행하며, 처음에 술잔을 올리는 것을 초헌初獻, 두 번째 술잔을 올리는 것을 아헌亞獻, 세 번째는 술잔 올리는 일을 끝낸다고 하여 종헌終獻이라 한다. 헌작할 때에는 왼쪽 집사가 술잔을 주인에게 주면 오른쪽 집사가 술을 따르고, 주인이 이 술잔을 왼쪽 집사에게 주면 왼쪽 집사는 술잔을 신위에 놓는다. 창석의 두 부인인 두 비위妣位에게 올리는 것도 마찬가지이다. 이어서 메 뚜껑을 열고, 주인과 제관들이 엎드리고 있는 사이에 축관이 축문을 읽는다. 축문은 "창석 부군과 선산문씨, 능주구씨의 기일을 맞이하여 사모하는 마음을 이길 수 없어 맑은 술과 여러 음식을 준비하여 공경히 올리니 흠향하십시오"라는 내용이다. 축문을 다 읽으면 주인은 두 번 절하고 제자리로 돌아간다. 아헌은 주인이 올렸던 잔을 받아서 퇴줏그릇에 세 번에 나누어 붓는다. 그다음 절차는 초헌과 같되, 대신 축문은 읽지 않는다. 종헌의 절차는 아헌과 같되, 종헌 때에 올린 잔은 유식 때에 첨작을 하기 위해 내리지 않는다.

6) 유식과 진다

유식侑食은 조상의 혼령이 식사를 드시도록 권한다는 말이다. 주인이 앞에 나아가면 오른쪽 집사가 메(밥) 뚜껑에 술을 쳐서 주고, 주인이 이를 받아 왼쪽 집사에게 주면, 왼쪽 집사는 이를 받아 신위 내외의 잔에 술을 조금씩 더하는데, 이를 첨작添酌이라 한다. 이어서 숟가락을 메에 꽂는 삽시插匙를 행하고, 젓가락은 도적都炙에 거는데 반찬을 드시라는 의미이다. 조상의 혼령이 식사를 하시는 동안은 모두 엎드리고, 잠시 후 주인이 헛기침을 세 번 하면 모두 일어난다. 보통 식사를 하시는 동안 식사 자리를 피

진다

하기 위해 문을 닫고 나간다는 뜻으로 합문闔門, 식사가 끝나면 문을 열고 들어온다는 뜻으로 계문啓門이라 하는데, 제상 뒤에 있는 병풍으로 가렸다가 열기도 한다. 창석종가에서는 합문과 계문은 행하지 않는다. 이어서 국그릇을 내리고 차를 올리는 진다進茶를 행하는데, 이것은 중국의 풍습이고 우리나라에서는 숭늉을 올리며, 숭늉 대신 맑은 물에 밥을 세 숟가락 떠서 말아 숟가락을 걸쳐 둔다. 숭늉을 드시는 동안 모두 반쯤 허리를 굽혀 기다린다.

7) 사신과 음복

진다가 끝나고 나면 신에게 작별을 고하는 사신辭神을 행한다. 집사는 숭늉그릇에서 숟가락을 걷고, 메 뚜껑을 닫는다. 이어서 참사자參祀者 모두 두 번 절을 하여 신에게 작별을 고하고, 주인은 제상에서 잔을 내려 퇴주한 뒤에 신주를 모시고 사당의 원래 자리에 안치한다. 이 사이 축관은 축문을 태우고, 집사자는 제사 음식을 나눠 먹음으로써 조상의 복을 함께 누리는 음복飮福을 준비한다. 창석종가의 제청은 종가와 조금 떨어져 있기 때문에 그 자리에서 음복하지 않고, 제상에 올렸던 음식을 종가로 가져온 뒤에 음복한다. 창석종가에서는 제상에 올렸던 각종의 나물을 섞은 비빔밥으로 음복한다. 그리고 참사자들이 돌아갈 때에는 제사에 올렸던 포, 적, 편, 과일 등을 빠짐없이 함께 가져가게 한다.

2. 종가의 제례 음식

흔히 제사 절차를 두고 가가례家家禮라 한다. 집집마다 제사 절차가 각각이라는 말이다. 제사가 이러하니, 제사 음식은 더 이상 말할 필요도 없을 것이다. 그러나 음식이 많건 적건 간에 모든 집안의 제사 음식의 공통분모는 바로 조상을 위하는 정성이 아니겠는가.

창석은 돌아가시던 해에 자손들을 위해 「가계家戒」를 지었는데, 지금까지도 여전히 유효한 말씀이다. 그중에서 제사에 관련된 부분을 보도록 하자.

기일忌日 제사에 부부를 함께 모시는 것은 예가 아니다. 나 이

후로는 한 사람만 모셔서 세속에서 자신의 심정대로 곧장 행하는 풍습을 고치도록 하거라. 종자宗子는 사시四時의 정향正享만 지내고 중자衆子는 재물이 있으면 제수祭需를 돕도록 하라. 봄과 겨울의 묘제墓祭는 중자들이 돌아가면서 지내라. 종가에서 묘제를 지내지 못하게 하는 것은 종가에서는 사시의 제사에만 힘쓰게 하려는 의도이다. 일반적으로 제사는 정성을 다하는 것이 중요하니, 제물祭物은 집안의 형편에 맞게 지내야지 분수에 넘치게 갖추지 않도록 하라. 희생犧牲에 닭을 사용하는 것을 영원한 법도로 삼거라. 이를 어기면 나의 유명遺命을 어기는 것이니라. 집안이 많이 어려워서 닭도 구하기 어려우면 제철에 나는 음식을 올려도 무방하다. 재산이 넉넉하여 쇠고기를 갖추거나 우연히 음식 선물을 받은 것이라면 너희들의 뜻을 막을 생각이 없다.

허례허식에 맞춰 지내는 것보다 형편에 맞게 정성을 다하라는 것이 이 글의 요지이다. 또한 제사는 종손만이 아니라 지손支孫들도 함께 도와 가면서 지내라고 하였다. 종가의 제사가 그만큼 어렵다는 것을 창석 당신도 절감하였던 모양이다.

창석종가의 제례 음식은 아주 풍성한 편이 아니지만, 여느 종가에 못지않은 것은 바로 정성이다. 그리고 특이한 것은 '새탕' 을 제사에 올렸다는 점이다. 새는 주로 참새를 사용하는데,

초가지붕에서 슬레이트 지붕으로 바뀌고 온돌에서 보일러로 바뀌다 보니 참새를 잡을 수 없어 한참 전부터 새탕을 올리지 않게 되었다고 한다. 또 하나 창석종가에서는 동지제사를 지내기 때문에 동지에는 팥죽을 쑨다. 팥을 곱게 걸러 내고 정성을 들여 만든 새알심을 넣는데, 팥죽을 쑤는 여느 방법과 크게 차이가 나지는 않는다. 다만 동지제사 때 팥죽을 제일 먼저 올리는 곳은 장독대다. 터줏대감에게 올려 집안을 화목하게 하고, 또 장맛도 좋으라고 그렇게 한다고 한다.

모든 음식이 그렇겠지만 불천위제사처럼 큰 제사를 지낼 때에 음식을 마련한다는 것은 여간 어려운 일이 아니다. 음식의 가짓수도 문제지만 일단 규모가 크기 때문에 더욱 애를 많이 먹는다. 창석종가의 종부가 "우리 집안은 많은 편이 아니다"라고 하지만 일반 가정에서 제사를 지내던 사람이 보면 여전히 기겁할 정도이다.

이왕 말이 나왔으니, 창석종가의 제례 음식에는 어떤 것이 있는지 잠시 맛을 보도록 하자.

먼저 창석종가에서는 전煎과 적炙을 한곳에 올린다. 맨 아래에는 특이하게도 가오리포와 북어포를 놓는다. 그리고 그 위에 경북지방에서만 부쳐 먹는다는 배추전을 올리고, 배추전 위에는 파전을 얹는다. 파전 위에는 우엉전을 올린다. 우엉은 그 자체가 매우 억세기 때문에 얇게 포를 뜬 다음에 또 칼로 조심스럽게 다

각종 전과 적

져서 더욱 부드럽게 한다고 한다. 우엉전 위에는 박잎전을 올린다. 박잎의 초록빛이 더욱 돋보일 뿐 아니라 호박잎처럼 까칠하지 않고 보들보들하다. 또 은은한 향이 있어 담백하고 깔끔한 맛이 난다고 한다. 박잎전 위에는 명태전을 올리고 명태전 위에는 전만큼이나 큼직한 돼지고기 수육을 얹는다. 그리고 돼지고기 수육 위에 다시 삶은 닭고기를 얹는다. 상상이 갈지 모르겠지만 제상에서 단연 돋보일 정도로 우뚝하고 웅장하게 보인다.

전과 적 옆에는 도적에 비해 단출하게 보이는 포가 있다. 하

곱게 오린 문어 다리

지만 이 단출함을 넓은 가오리포가 상쇄하고, 또 그 위에 곱게 수 놓은 문어 다리가 고상함을 더한다. 일반적으로 경상도의 제사에서 문어가 많이 사용되는 것은 문어의 '문文' 자와 문어 안에 들어 있는 먹물이 선비를 상징하기 때문이다. 창석종가에서는 삶은 문어 대신 문어 다리를 가위로 곱게 오리고 수놓아 종가의 기풍을 엿보게 한다.

가오리포와 문어 다리 뒤에는 편틀 위에 가지가지 쌓아 올린 떡이 있다. 제일 아래에는 5켜를 쌓은 본편, 곧 시루떡이 있다.

켜켜이 쌓아 올린 갖가지의 떡

본편 위에는 증편甑片이 있는데, 일반적으로 술떡 또는 기지떡이라고 칭하는 것이다. 그 위에는 송편을 얹는다. 흔히 송편은 추석에만 빚는 것으로 알고 있지만 큰 제사에 송편을 올리는 경우도 많다. 송편 위에는 경단을 얹고 경단 위에는 찹쌀가루로 부친 찹쌀전을 올린다. 찹쌀전에는 대추를 올려 빛깔이 곱도록 하였다. 그리고 맨 위에는 주악(糙角, 조아기)이라고 하는 기름에 튀긴 떡을 올려놓는다.

창석종가의 제례 음식은 맛도 그만이지만 그보다 더 중요한 것은 종부의 정성이 깃들어 있기에 이와 같은 맛을 낸다는 점이다. 하지만 음식 준비도 만만치 않지만 이를 정리하는 것도 쉬운 일이 아니다. 종부의 이야기를 들어 보자.

> 아이고 제사가 한 번 지내고 나면, 온 집에 보면 뭐뭐 다 퍼 흩어 가지고 난리 친 거 같이 그러고 그래 한데, 요새 젊은 사람들이 그래 할라 카면 힘들어요.…… 정리를 마, 음식을 할 때는 정리가 딱 되는데, 제사 지내고 나면 온 집을 다 퍼 흩어 논 거 같아요. 제사 지낼 땐 음식 해 가지고 고마 그릇에 딱딱 얹어 놓으면, 애 먹은 거 한 개도 안 겉은데. 난중에 보면 치울 때는 두서가 그렇게 없데.

안동은 예전부터 '헛 제삿밥' 이 관광 상품으로 개발되어 타지역 사람들이 너나 할 것 없이 먹으러 온다. 제삿밥이 맛있을 뿐만 아니라 웰빙 음식으로 불리면서 제사를 지내지 않고도 제삿밥을 먹을 수 있는 기회를 잡으러 오기 때문이다. 필자도 불천위제사에 참여하여 종가 음식을 한껏 눈으로, 입으로 즐기다가 왔는데, 문득 종부의 말을 접하고 나니 못내 죄송스럽기만 하다. 맛있게 음식을 먹는 이들이여, 요리하고 정리하는 이들의 고마움을 가슴 깊이 새길지어다.

제6장 과거와 미래의 디딤돌

어떤 분야를 막론하고 전통을 잇고 명맥을 유지한다는 것, 말은 쉽지만 녹록지 않은 게 현실이다. 이 중에서도 가끔씩 다큐멘터리를 통해 접하는 종부와 종손의 삶은 과거의 전통을 계승하여 미래의 전통으로 연결해 주어야 할 숙제를 떠안고 있는 현재의 치열한 현장 그 자체이다. 힘겨운 현실의 고통 속에서 과연 종부와 종손이 지향하고 있는 것은 무엇이며, 시시각각 변하는 세태 속에서도 흔들림 없이 전통을 유지할 수 있도록 지탱해 주는 그 저력은 무엇인가. 종가를 지키는 사람들. 창석종가의 종부와 종손의 삶에서 그 해답을 찾을 수 있지 않을까.

1. 종부의 삶: 조금 줄였으면 좋겠어

종부 윤갑묵尹甲默(1944~)은 거창 출신이다. 거창에서 상주까지는 멀다면 멀고 가깝다면 가까운 거리다. 그렇다면 어떻게 거창에서 상주로 시집을 왔을까. 지금처럼 자유연애로 오지는 않았을 것이고, 당연히 중매로 왔다. 중매를 한 분은 파평윤씨네로 시집을 온 시고모였다.

우리는 친정이 거창이라, 경남 거창. 그래 우리 시고모가, 내가 파평윤가인데 그 종가로 시집을 오셨어, 우리 시고모가. 종가로 시집오셔 가지고 나를 소개를 한 거지. 그래가지고 우리 친정부친한테 대고, "아저씨, 상재 아저씨는 딸을 (시집보낼 데

가) 대학하고 그러마 되겠는가?" 그래 묻고, 그래 하더라고. 우리 부친이 또 양반을 그렇게 많이 찾으셨어, 그때 세월에. 딴 어른들보다 유난히 더 찾더라고. 그래가 인자 두 군데 혼반이 이래 나왔어, 고등학교 선생인데.

종부는 스물네 살에 시집을 왔는데, 시조모까지 살아 계셨고 모두 열세 식구였다고 한다. 하지만 처음부터 상주에 산 것은 아니었다. 남편이 대구에서 교편을 잡고 있었기 때문에 주말마다 상주로 왔다. 이런 생활을 한 지 8년쯤에 시아버지가 돌아가시자 남편이 상주종고로 발령을 받아 아주 상주로 오게 되었다. 하지만 이런 생활도 오래 가지 않았다. 남편이 세상을 떠나자 모든 살림은 종부가 책임지게 되었다. 생계도 책임져야 하고 종부로서의 '봉제사 접빈객' 도 도맡아서 해야 되니, 무척이나 힘겨운 나날들이었다.

그래 힘들지, 그런 게 인자 내가 촌에서 농사를 이래 짓고 항께, 여자 힘이 약하잖아. 그렇께 할라 카면 또 제사 다가오고 하면, 내가 대기 어깨가 무겁더라고. 뭐 남은 막 일한다고 죽자 사자 해쌌는데, 나는 제사 한 번 지내면 며칠씩 빼야 돼요. 그런 게 되게 부담스럽더라고. 그러고 뭐 남자가 있으면 다 들에 일하고 나는 제사 이런 데 일 보고 이래야 되는데, 나는 그래

했다 카면 아무 일도 못해요. 내가 다 그거를 해야 됭께. 그렁께 여 주위에 사람들을 보더래도, 일한다고 죽기 살기로 해쌌는데, 나는 뭐 사흘썩 일 빼야 되고 못하는 거라, 아무 짓도 못해요. 제사 여만 몰두를 해야 되지, 그렇더라고.

종부를 일컬을 때 가장 먼저 떠오르는 것은 제사이다. 일 년에 보통 몇 번을 지낼까. 종부는 열다섯 번을 지냈다고 한다. 말이 열다섯 번이지 돌아서면 제사라는 말이다. 현재는 종부가 전적으로 제사를 책임지고 있지만 그전에는 가끔씩, 아주 가끔씩 참여하지 않은 적도 있다고 한다. 아들을 키운다는 핑계로. 그래서 지금도 시어머님께는 많이 죄송스럽다고 한다.

제사 음식은 규모가 줄기는 했지만 가짓수는 예전 그대로라고 한다. 한창 때에는 사십여 명이 제사에 참여했다. 하지만 요즘은 서울과 대구 등 전국 각지에 흩어져 사는 데다 각자 삶이 바쁘다 보니 예전만큼 많이 참여하지는 않고 스무 명 안팎이 참여한다고 한다. 그래도 제사에 참여하는 분들을 대접하고 음복할 음식까지 마련하려면 규모가 줄었다고는 하지만 음식을 준비하는 것이 만만찮다.

다만 예전에 비해 제사 음식에서 빠진 것이 두 가지가 있는데, 하나는 손국수이고 하나는 새탕이다. 손국수는 너무 번거로워서 빠졌고, 새탕은 새를 잡을 수가 없어서 빠졌다. 새탕은 여타의 집안에서 볼 수 없는 독특한 음식이다. 하지만 초가를 헐고 양옥집을 올리면서, 또 보일러를 설치하면서부터 새를 잡을 수 없게 되자 자연스럽게 제사 음식에서 빠지게 되었다.

이렇게 정성스럽게 제수를 준비하지만 여느 집안과 마찬가지로 정작 종부는 제사에 참석하지 못한다. 준비만 한다. 요즘이야 시대가 바뀌어서 제사 음식도 남녀 가릴 것 없이 같이 준비하고 제사도 함께 지내는 경우가 늘어가고 있는 추세이지만, 전통을 그대로 유지하다 보니 빈객들이 돌아가면서 "수고하싰네요"라고 하는 한마디에 위안을 삼을 뿐이다.

누가 요새 종가로 시집올라 하겠어? 시집 안 올라 그래. 그래 가지고 나는 야(종손) 혼인에 대해서도 걱정을 많이 했다 카이께. 장가 안 갔을 때에도, 이야 우리 집에 잘 올라 카겠나? 이걸이 년하고 일 년 하고 마는 것도 아니고, 대대로 내려가야 뎅께. 누가 혼인 이게, 처녀가 넙죽 올라 카겠나 싶으더라고. 그 걱정 많이 했어요, 나는 내 속으로. 남한테는 안 캐도. 걱정 많이 했다 캉께. 그래 가지고 며느리가 이래 와서 하니까, 내 혼자 며느리 보는 거 같더라고. 어찌나 좋던지, 속으로는. 남한테 카면, 다 세상 사람 며느리 보는 거 아니라. 그래도 나는 내 속으로는 그만큼 흐뭇하고 좋더라고. 내 혼자 며느리 보는 거 같애요.

종부는 며느리를 보기 전에 무척이나 마음을 졸였다고 한다. 요즘에는 자기 밥도 해 먹지 않고 사 먹는 추세이니, 누가 종가로 시집을 오려고 하겠는가. 그래서 종부는 며느리를 아끼는 마음이 더욱 각별하다. 며느리가 직장에 다니느라 바쁜 탓도 있지만 "우리 며느리는 저래 고생을 시켜서는 안 된다"라는 마음에 가능하면 당신이 모든 것을 떠안으려고 한다.

하지만 종부도 어느덧 칠순이 되었다. 며느리에게 짐을 떠안기고 싶지 않지만, 언제까지나 혼자 도맡아 할 수도 없는 노릇이다. 그도 그럴 것이 지난 동지 때는 제사를 일주일 앞두고 팔을 다쳐 며느리가 동지차례의 준비를 맡기도 했다. 하지만 처음 준비하는 제사를 며느리가 모두 마련할 수 없었다. 그래서 일부는 사서 마련하기도 했다.

나는 내 생각 겉으만, 조금 줄았으면 좋겠어. 내 생각 겉으만 우리 젊은이도 이래 애 묵고 난 그렇게 하고 싶지는 않아요. 그런데 이거는 내 힘으로만 가지고 되는 일이 아니라. 다 여 지손들이 이래이래 하자 캐야 되지, 내 좋다고만 할라 캐가지고는 안 돼요. 창석 할아버지 제사는 꼭 모셔야 되고. 하이고 내 생각 겉으면, 뭐 조금 거슥하면 좋겠어. 좀 바뀌고 그랬으면 좋겠지, 세월이 또 자꾸 변하잖아.

제수에 대한 종부의 생각은 줄이자는 것이다. 당신이 천년만년 살아서 준비한다면 모를까 목숨이란 것이 한계가 있으니 마냥 이렇게 지낼 수만은 없다는 것이다. 세월이 흐를수록 세상은 바뀌는데, 변통하지 않고 옛날 방식을 고수하는 것은 문제가 있다고 조심스럽게 이야기한다. 종손이야 결혼했으니 괜찮다고 하겠지만, 차종손 그리고 차차종손으로 내려가면 어떻게 될지를 누구도 장담할 수 없는 것이 현실이다. 제사도 합쳐서 횟수를 줄이고, 음식도 가짓수를 줄여야 한다. 종가 음식의 전통을 유지하기 위해서는 제사를 지낼 때마다 마련하는 것보다 여러 제사에 분산하는 것도 하나의 방법이다. 종가 음식은 보존하되 수고는 줄일 수 있기 때문이다. 그러나 이것이 어찌 종부 혼자의 결정으로 될 일이겠는가. 집안 어른들과 함께 의논하여 결정해야 할 문제이다.

2. 종손의 길: 자부심으로 살아갑니다

필자는 삼남매의 맏이로, 여동생이 둘이 있다. 시골에서는 당연하겠지만, 어릴 때부터 집안의 귀여움을 독차지하였고, 집안의 모든 것이 필자를 중심으로 돌아갔다. 그러나 이러한 대우를 만끽하면서도 마음속에 항상 자리 잡고 있는 것이 바로 책임감이었다. 집안의 중심으로서의 책임감. 참으로 무겁게만 느껴지는 책임감이었다. 지손支孫인 필자의 중압감도 이와 같은데 하물며 종손은 어떠하겠는가.

종손 이준희李埈熙(1968~)는 일찍부터 종손이 되었다. 여덟 살에 부친을 여의면서부터 종손 역할을 했으니, 벌써 삼십여 년이 훌쩍 넘었다. 어릴 때에는 집안 어른들이 많아서 집안의 대소사를 책임져 주셨지만, 이분들이 돌아가시면서부터 집안일들이 점점 종손에게 다가왔다.

그렇다면 종손 이준희에게 가장 힘들었던 것은 무엇일까. 그것은 바로 생계 문제였다. 부친이 일찍 돌아가셨기 때문에 집안 형편이 말이 아니었다. 이준희는 대구에서 대학교를 다녔는데, 농사를 지으러 주말마다 상주로 왔다고 한다. 대학교 때에 이러했으니, 고등학교 때까지의 생활은 오죽했겠는가. 훗날 이야기지만 노종부는 한창 공부할 나이에 공부도 제대로 못하고 생계를 유지하기 위해 애쓰는 종손이 대견스럽기도 했지만, 무척이나 안쓰러웠다고 한다.

> 대학교 댕길 때도 거의 뭐 농사짓다시피 하면서 대학교 댕겼으니까, 내가. 학교를 다니면서도 어렸을 때부터 경운기 몰고 댕기미 농사짓고 그랬어요. 거의 그러다시피 하면서 학교 댕기고.…… 나도 대학교 댕기면서도 거의 뭐 한 반은 농사짓고, 반은 학교 댕기면서 대구에서 그랬으니까. 차 타고 와 가지고 토요일날 일요일날 와 가지고 농사짓고 그랬죠.

집안이 기반을 잡은 것은 이준희가 결혼하던 십여 년 전부터인데, 이제 겨우 집안에 생기가 돈다고 한다. 하지만 이것으로 문제가 해결된 것은 아니다. 이준희는 부친이 일찍 돌아가셨기 때문에 종손으로서 지켜야 할 것을 제대로 배우지 못했다고 한다. 집안 어른들이 하는 것을 보면서 따라 하기는 했어도 아직까지 미숙한 것이 많다고 한다.

이준희는 종손으로서의 역할에 대해 외조부에게 많은 영향을 받았다고 한다. 외조부는 한학漢學도 많이 하고 검소하고 부지런하며 철두철미한 분이셨다. 직접적으로 집안 대소사에 대한 가르침이 있었던 것은 아니지만 외조부의 기품을 통해 종손의 면모를 보았다고나 할까. 그렇기는 하지만 생활 속에서 집안 어른들을 통해 배운 것을 어찌 무시할 수 있으랴!

집안이 기반을 조금씩 잡아 가고 있다고는 하지만, 이제 종손으로서 할 일이 한두 가지가 아니다. 일 년에 십여 차례 이상 지내야 할 제사, 여러 군데 흩어져 있는 삼십여 기의 산소, 미처 정리하지 못한 문집과 여타의 유품들. 하지만 이도 어려운 것이 옛날 방식과 요즘의 상황이 그리 잘 맞지 않기 때문이다. "뭐 아들내미 하나 있는 거, 이거 또 외국에라도 가가 생활한다든지 이카면 아무것도 안 될 거 같아요"라는 말에서 알 수 있듯이 현재의 상황에 걸맞지 않은 전통은 유지되지 못할 게 뻔하다. 그래서 이준희는 이렇게 말한다.

> 명맥을 유지할라카면 옛날 방식으로는 유지하기가 좀 힘들어요, 내가 보기에는. 그래 가지고 정리를 해야 될 게 많죠. 정리

를 해야 되고. 어떤, 불천위제사라든가 이런 것도 새로운 걸 좀 해야 되고. 제사 지낼 사람도 없어요, 솔직히. 그러니까 정리 해야 되고. 그리고 뭐 산소 같은 거라든지, 이런 것도 유지를 하면서도 이제 현대식으로 유지할라카면, 그런 식으로 인제 내가 나이가 들면 그때부터는 계획을 하고 있죠. 퇴직하고 나면 이제 산소 같은 것도 이장을 하고 해 가지고, 전부다 한군데 모두고. 뭐 또 이래 사당 같은 것도 정리 해 두고. 그런 거라든지, 또 문집 같은 것도 이제 만들어 펴내야 되고.

제일 먼저 이준희가 하고 싶은 것은 제사 시간을 당기는 것이다. 제사를 지내는 사람이 많아야 하지 않겠는가, 특히 창석을 모시는 불천위제사에는. 하지만 자정이 넘어서 지내는 제사가 부담일 수밖에 없다. 불천위제사를 마치고 나면 새벽 3시이다. 끝나자마자 출근해야 할 시간이다. 공직에 있는 이준희에게는 더욱 큰 부담이다. 공직에 있다 보니 여러 개의 일이 겹치는 날이 많다. 종손이라 해서 제사를 지내고 다음 날 꾸벅꾸벅 졸고 있는 것을 이해해 주는 사회가 아니다. 아예 "너는 그러면 직장을 다니지 말고 그 일 하면 되지, 왜 여기 와 가지고 남의 일까지 못하게 하느냐?"라고 하는 곱지 않은 시선을 마주칠 때도 있기 때문이다. 하지만 이 부담은 제관이나 빈객들도 마찬가지이다. 적어도 제사 시간만큼은 현실에 맞게 조정할 필요가 있다. 물론 이것도 집안 어른들과 상의해서 조정해야 하겠지만.

이 외에도 이준희는 여러 군데 흩어져 있는 산소도 한곳으로 모아서 제대로 돌보고 싶다. 현실에 쫓겨 성묘를 못하는 것보다야 한군데 모아 놓고 정성껏 보살피는 것이 좋지 않겠는가. 또 흩어져 있는 집안 선조들의 문집과 유품을 수습하고 정리하여 정본定本을 만드는 것도 계획하고 있다.

그렇다면 이처럼 힘들고 남들도 이해하지 못하는 종손을 왜 유지하고 지켜 나가야 할까. 이준희는 이렇게 말한다. 첫째는 아무리 세월이 바뀌었다고 하더라도 우리의 전통을 유지하는 일의 중요성을 인식하고 인정해 주는 분들이 있기 때문이다. 이분들의 눈높이에 맞춰 일을 처리하고 행동하는 것이 쉬운 것은 아니지만, 상주尙州의 역사를 만드는 데 이바지했나는 한마디가 바로 이러한 어려움을 감내해 가면서 종손의 길을 가고 있는 힘이며, 또 보람이라고 한다. 젊은 사람들은 이에 대한 중요성을 아직까지 알지 못하지만 열심히 하다 보면 언젠가는 이들도 인정해 줄 것이라는 희망도 있다.

둘째는 자부심과 자긍심 때문이다. 월간과 창석의 형제애는 이미 훌륭한 미담으로 자리 잡았고, 우복 정경세와 함께 건립한 존애원은 사람을 사랑하는 인간애의 징표가 되었다. 이것은 모두 후손이 배워야 하고 이어 가야 할 조상의 덕업이며, 그 중심에 바로 창석이 있기에 시련과 고난이 있어도 종손의 길을 포기할 수 없는 중요한 이유가 되는 것이다. 돈이 많고 물질이 많다 해도 잘되는 것도 아니고 행복한 것도 아니다. 이 자긍심이 있기에 창석을 따르려고 노력하고 행동하는 것이고, 이것이 오래되면 자신도 그렇게 될 수 있는 것이 아니겠는가. 다른 것은 시대에 따라 변하더라도 인간을 소중하게 여기고 사랑하는 창석의 마음은 결코 변할 수 없는 덕업이며, 바로 자신이 발전할 수 있는 준칙이 되는 것이다.

어떤 이는 이렇게 말하고는 한다. 요즘 시골은 시골의 정취가 없다고. 이유는 이렇다. 먼지가 풀풀 날리는 황톳길도 없고, 달빛 밝은 밤에 초가지붕 위에 소담하게 피어 있는 박꽃도 없다는 것이다. 시골의 푸근함과 낭만이 없다는 말이다. 틀린 말은 아니다. 하지만 비가 오면 황톳길은 언제나 질퍽거리고, 초가집과 흙벽은 추위와 더위를 나기도 힘들며 2~3년에 한 번씩 이어야 하는 초가지붕은 말 그대로 일이다. 도회지 사람에게는 낭만일지 몰라도 시골에 사는 사람에게는 이 낭만이란 참 물정 모르는 소리라 들릴 것이다.

이런 상황에서도 나는 희망을 본다, 이준희의 말에서.

자기 자부심이 있으면 거기에 따라갈라고 노력하고 행동할 거 아니라요? 그런 거는 조금, 해야 될 거 겉애요. 다른 거는 시대에 따라 변해가더라도 그거는 내가 발전할 수도 있는 거고, 우리 집안도 잘될 수 있는 거고. 또 창석 할아버지 생각하면 그런 생각이 들 거라요. 그거만 해 주면 나머지는 자동적으로 발전할 수 있고, 자기가 또 될 수 있으니까. 돈이 많고 물질이 많다 해도 잘되는 것도 아니고 행복한 것도 아니고.

참고문헌

미 상, 『창석연보』, 국립중앙도서관.

이 준, 『창석집』(『한국문집총간』 65~66), 민족문화추진회.

이 전, 『월간집』(『한국문집총간』 속 10), 한국고전번역원.

정경세, 『우복집』(『한국문집총간』 68), 민족문화추진회.

조찬한 외, 『연악문회록』, 국립중앙도서관.

권태을, 『상주한문학』, 상주문화원, 2001.

권태을 외, 『갑장산』, 상주문화원, 1996.

신향림, 『국역 소재집』 해제, 한국고전번역원, 2013년 12월 간행 예정.

정선용 역, 『국역 우복집』, 민족문화추진회, 2003~2006.

정우락, 『영남을 넘어, 상주 우복 정경세 종가』, 예문서원, 2013.

손유진, 「『임술범월록』에 나타난 공간 인식의 양상과 의미」, 경북대 석사 논문, 2010.

여운필, 「창석시에 대한 우복의 비평적 충고」, 『한국한시연구』 12, 2004.

이구의, 「「상소문」에 나타난 창석 이준의 정신세계」, 『상주문화연구』 16, 상주문화연구소, 2006.

정복규, 「정복규의 성씨 순례－興陽李氏」, 『호남매일』, 2013년 4월 11일.

유교넷. http://www.ugyo.net

한국고전종합DB. http://db.itkc.or.kr/itkcdb/mainIndexIframe.jsp

한국민족문화대백과사전. http://encykorea.aks.ac.kr